Histórias

Secretas de

Reis

Portugueses

Alexandre Borges
[葡萄牙] 亚历山大·博尔热斯 著
王 乐 译 闵雪飞 校译

Histórias
Secretas de
Reis
Portugueses

葡萄牙国王秘史

北京大学出版社
PEKING UNIVERSITY PRESS

著作权合同登记号 图字：01-2017-8895

图书在版编目（CIP）数据

葡萄牙国王秘史 /（葡）亚历山大·博尔热斯著；王乐译. —北京：北京大学出版社，2023.6

（沙发图书馆）

ISBN 978-7-301-34072-1

Ⅰ.①葡… Ⅱ.①亚…②王… Ⅲ.①葡萄牙–历史 Ⅳ.①K552.0

中国国家版本馆 CIP 数据核字（2023）第 098778 号

Copyright © 2012 Alexandre Borges © Casa das Letras/Oficina do Livro, Lda 2012
Original Title: *Histórias Secretas de Reis Portugueses*
First published by Casa das Letras 2012, Grupo Leya, Portugal

书　　　名	葡萄牙国王秘史 PUTAOYA GUOWANG MISHI
著作责任者	〔葡〕亚历山大·博尔热斯（Alexandre Borges）著 王　乐译　闵雪飞校译
责任编辑	延城城
标准书号	ISBN 978-7-301-34072-1
出版发行	北京大学出版社
地　　　址	北京市海淀区成府路 205 号　100871
网　　　址	http://www.pup.cn　新浪微博：@ 北京大学出版社
电子信箱	pkuwsz@126.com
电　　　话	邮购部 010-62752015　发行部 010-62750672　编辑部 010-62752022
印　刷　者	大厂回族自治县彩虹印刷有限公司
经　销　者	新华书店
	650 毫米 ×980 毫米　A5　8 印张　151 千字 2023 年 6 月第 1 版　2023 年 6 月第 1 次印刷
定　　　价	59.00 元

未经许可，不得以任何方式复制或抄袭本书之部分或全部内容。

版权所有，侵权必究

举报电话: 010-62752024　电子信箱: fd@pup.pku.edu.cn

图书如有印装质量问题，请与出版部联系，电话: 010-62756370

导　读

王　乐

作为欧洲第一个独立的民族国家，葡萄牙拥有悠久的历史和独特的文化。但长久以来，除了大航海时代这一浓墨重彩的章节外，葡萄牙历史的其余部分似乎并不为中国读者熟知。现在，让我们一同回顾葡萄牙历史，作为阅读本书前的参考。

葡萄牙王国诞生前的一千多年时间里，罗马人、日耳曼人、摩尔人和基督徒先后来到西南伊比利亚半岛这片土地上，留下各自的文化印记，让生活在这里的人萌生了民族认同。之后，从11世纪开始，葡萄牙王国从微不足道的波图卡莱伯爵领地起家，一步步成长为庞大的殖民帝国。

1143年，在"收复失地"运动中战功卓著的阿方索·恩里克斯通过《萨莫拉条约》成为葡萄牙国王，并在1179年获得罗马教皇的正式认可。在他之后，桑乔一世、阿方索二世和桑乔二世不断同摩尔人作战，一路向南开疆拓土，直到1250年左右，阿方索三世"奋四世之余烈"征服阿尔加夫，葡萄牙在欧洲大陆的版图基本形成。

13世纪晚期起，迪尼什国王大力发展文化教育，使葡萄牙语取代拉丁语成为葡萄牙的通用语言。阿方索四世推行司法行政改革，开始资助航海探险。佩德罗一世精心整顿财政，充实国家收入，改善民众生活。葡萄牙由此进入一段平稳的发展期。

佩德罗一世死后，继任者费尔南多在三场无谓的战争中掏空国库，却又没有留下任何子嗣，使葡萄牙陷入危机。费尔南多的异母弟、阿维斯骑士团团长若昂一世解国家倒悬之急，开启阿维斯王朝，成为葡萄牙人心中一段"美好回忆"。

若昂一世的子嗣品格高尚、才华出众，被葡萄牙历史上最著名的诗人卡蒙斯誉为"英武一代"。他们中有继承王位、大兴文治的"哲学家国王"杜阿尔特，有葡萄牙航海事业的奠基人恩里克王子，有为国捐躯的科英布拉公爵佩德罗王子，还有替夫治国而青史流芳的勃艮第公爵夫人伊莎贝尔。

也许是受"英武一代"的光芒庇佑，葡萄牙再次迎来快速发展时期。若昂二世、曼努埃尔一世等国王对内巩固王权、振兴经济，对外则掀起波澜壮阔的航海探索运动。1498年，达伽马开辟了通往印度的航线；1500年，卡布拉尔抵达巴西。葡萄牙人的船队不断拓展探索的范围，足迹遍布非洲、亚洲和美洲，在西班牙王室的资助下，葡萄牙人麦哲伦率领的船队于1522年完成了世界史上首次环球航行的壮举。

导 读

拥有足够悠久历史的国家似乎都经历过这样的故事：几代人艰难建立起来的强盛帝国，在最辉煌的顶点，被一位好大喜功的统治者葬送于一场不合时宜的战争。1578 年，痴迷于祖先文治武功的塞巴斯蒂昂国王，在膝下尚无子嗣的情况下莽撞地亲征摩洛哥，最终在一场惨败中不知所终。葡萄牙多年来积累的人力和财富，甚至国家的独立地位，就这样化为灰烬。意外的是，葡萄牙人对这位年轻的国王并没有常人想象中的怨恨。相反，他们把这位"沉睡的国王"当成了民族精神的象征，冥冥之中，总是相信他会在国家最危急的关头归来。

正是凭借这种精神，葡萄牙人在被西班牙哈布斯堡王朝联合统治六十年后还能抓住时机恢复独立。在"复国者"若昂四世开启布拉干萨王朝后，经过几代国王的励精图治，葡萄牙多次抵御外敌入侵，并通过对外殖民重新积累起大量财富。18 世纪，葡萄牙版的"太阳王"若昂五世，用一座座巨大的修道院和宫殿，把葡萄牙王国的繁荣推至登峰造极的程度。但这短暂的中兴并没能让国家在工业革命中抢占先机。1755 年的里斯本大地震成为王国盛极而衰的标志，葡萄牙自此在与其他殖民帝国的竞争中江河日下。

1807 年，拿破仑的军队入侵葡萄牙后，若昂六世带着满朝王公显贵远遁巴西。1821 年王室返回里斯本时，面对坚守国家十四年的平民，长期流亡海外的国王不得不同意通过谈判决定国家的前途命运。最终，国王宣誓接受宪法约束，从此失去专制权力。整个 19 世纪，

葡萄牙国王秘史

葡萄牙的殖民版图不断缩小，政治和经济上越发依附于英国。尽管这一时期涌现了多位勤政恤民、践行人文主义的国王，但葡萄牙王室的影响力仍然每况愈下。到 19 世纪末，随着共和主义思想渐成气候，王室的去留问题被摆上台面。

1908 年，卡洛斯国王与王储路易斯·费利佩王子被激进共和派刺杀身亡。1910 年 10 月爆发的共和革命，迫使即位不久的末代国王曼努埃尔二世离开葡萄牙，享祚近八百年的葡萄牙王国就此作古。新生的第一共和国动荡不断，仅仅维持了十六年，就被萨拉查把持的"新国家"政府取代。这个兼具独裁主义、民族主义和保守主义色彩的政权，在二战后英、法等欧洲殖民大国顺应独立自决潮流的情况下，还试图凭借武力维护葡萄牙自王国时代起建立的殖民帝国，最终在 1974 年 4 月 25 日的"康乃馨革命"中被推翻。八百多年来，葡萄牙从伊比利亚半岛的一隅走向世界，又从世界回归欧洲之角。云舒云卷，潮起潮落，千秋功过，自有评说。

本书是葡萄牙作家亚历山大·博尔热斯 2012 年创作的一部历史故事集。相较于其他关于葡萄牙历史的作品，本书讲述的所谓"秘史"，其独特性主要体现在三方面。

首先是选择书写名不见经传的历史人物。譬如佩德罗一世与伊内丝的爱情悲剧，若昂一世开辟阿维什王朝的丰功伟绩，以及塞巴斯蒂昂国王失陷于北非的悲剧，固然是葡萄牙历史上的重要篇章，但他们的故事已经流传甚广，无需再多赘述。本书作者选择深入挖掘葡萄牙

导　读

历史上更多"非著名国王"甚至"非国王"的人生经历，以一系列以往不为人熟知的历史故事，将读者引向葡萄牙历史乃至欧洲、美洲和亚洲历史中的隐秘角落。

其次是力求展现历史人物的多样性和复杂性。作者将史料与民间传说相结合，深入挖掘人物内心世界，通过富有画面感的细节描述，使几乎每位历史人物都能展现出立体、鲜活的形象：建立葡萄牙的"巨人国王"，为维护国家独立，不得不囚禁生母，成为被教皇绝罚的"野蛮人"；最高尚的"贞洁者"国王，因为放不下内心成见，致使国家陷入绝境；最懦弱无能的"宽仁者"国王，成就了对葡萄牙历史具有决定性影响的宪法；最反复无常的"叛逆王子"，在战败后拿出私帑支持国家重建……作者发掘出这些充满矛盾的特质，让历史人物的形象更加充满人性的光辉，也使他们的故事更加令人动容。

再次是将历史故事与文化遗产相融合。对于计划前往葡萄牙特别是里斯本旅行的读者，本书完全可以发挥旅游指南的作用。读过本书后，马芙拉修道院、圣若热城堡、辛特拉、特谢拉岛英雄港等文化古迹在我们眼中再也不是千篇一律的旅游景点。到访罗西奥广场、奥迪维拉什宫、里斯本城市博物馆等地标建筑时，我们也难免会心一笑。相信这会是本书带给我们的重要收获。

应当提前说明的是，本书并非十分严肃的历史著作，作者的创作本意是"用轻松的口吻向不了解葡萄牙历史的人做一点介绍"，就像"在壁炉旁边喝酒边讲故事"。因此在翻译时,我尽可能保留和还原了作者轻松诙谐、娓娓道来的漫谈口吻。希望读者和我一样喜欢这种风格。

最后,我想感谢闵雪飞老师抽出时间为本书校译,以及她对译者的鼓励和鞭策。同时也要感谢延城城老师对本书编辑工作的辛勤付出。

目　录

1　**预言**　特蕾莎与阿方索·恩里克斯 / 001

2　**梅希亚王后之劫**　桑乔二世与梅希亚王后 / 020

3　**婚姻故事**　迪尼什国王与圣伊莎贝尔王后 / 037

4　**圣！若！热！**　阿方索四世 / 052

5　**三个莱昂诺尔，三场战争**　费尔南多一世 / 063

6　**疯癫王后**　葡萄牙公主和卡斯蒂利亚王后伊莎贝尔 / 077

7　**反抗上帝、凡人与死神**　红衣主教恩里克 / 093

8　**葡萄牙是一座岛，安东尼奥是它的王**　唐安东尼奥，克拉托修道院院长 / 111

9　**缅甸之王**　费利佩·德·布里托 / 125

10	**流氓国王** 阿方索六世 / 143
11	**攸关信仰** 若昂五世 / 158
12	**至死方休** 若昂六世和唐娜·卡洛塔·若阿金娜 / 172
13	**马西米连诺一世的雕像** 佩德罗四世 / 189
14	**纯洁的秘密** 佩德罗五世和唐娜·埃斯特法妮娅 / 208
15	**最后的君主** 恩里克·德·派瓦·科塞罗 / 222

1

预 言

特蕾莎与阿方索·恩里克斯

啊！是的。相传他是位巨人，身高接近两米。据说耶稣基督曾在他面前显灵。在天使的环绕下，钉在十字架上的耶稣许诺他克敌制胜。据说那柄陪伴他四处征战而无往不胜的宝剑有五千克重，或者十五千克重，得要三个人才能拔出来。遗憾的是，四百年后，塞巴斯蒂昂国王深信这件先王遗物具有神奇之力，携带其出征，于八月的那个灾难深重的日子，在凯比尔堡[1]遗失了这把剑。于是，我们永远都没有机会知道它究竟是用什么材料铸成。相传他在青年时代就自封为骑士。在萨莫拉主教座堂，他孤身一人对抗他

---

[1] 位于摩洛哥北部马哈赞河附近。1578 年 8 月 14 日，葡萄牙国王塞巴斯蒂昂和摩洛哥前苏丹穆泰瓦基勒的联军与摩洛哥苏丹阿卜杜勒·马立克率领的摩洛哥军队在凯比尔堡发生了一次战役，葡萄牙军队大败，国王本人失踪。此战被称为"凯比尔堡之战"，又称"三王之役"（本书脚注皆为译者所加）。

的母亲，我们犹自听得见宝剑在叮当作响。这些美丽的传说，终于在下面这个故事中达到了顶点：儿子毅然对决生他养他的母亲。他打败了她，抓获了她，囚禁了她。这算得上一桩家庭暴力事件，可我们却宽容地原谅了他，因为我们看到了结局，并下意识地把错误归咎于母亲的品格有失。那个世界属于中世纪的人、雾与幽灵。我们很难看清究竟，但却可以从中辨认出那一团原始混沌，我们的世界正从中诞生。

这是阿方索·恩里克斯的故事。我们很难知晓，这一切之中，哪些是事实，哪些只是葡萄牙民族的集体记忆——这是一个需要英雄的民族，一如其他民族。这正是历史学的美丽之处。这位骑士建立了世界上最古老的民族国家，留下了诸多争议。这是一位自立为王、虐待亲母的凶残国王，还是一位亲蒙神启、差点成圣的勇士？

就连他的出生都疑云密布。他可能出生在吉马良斯、科英布拉或者维塞乌，具体月份无从知晓，年份大概是1109年。但也有人说，是杰拉尔多·德·莫伊萨克为他施行的洗礼。在总教区地位恢复之后，杰拉尔多担任了第二任主教，后来则成为圣杰拉尔多。圣杰拉尔多死于1185年的12月，临终前表达了最后一个愿望：吃水果。这个细节相当重要，因为传说中，同伴打开房门，希望他看到屋外的场景，当时正值寒冬，除了茫茫大雪几乎什么也没有，顶多有个把树上的坚果坠落在地。然而，人们却看到了一片树林，上面结着各种各样的鲜果。这样一来，我们就得做出选择：阿方索·恩

1 预言

里克斯要么出生于1108年,四岁那年失去了父亲;要么出生在1109年,三岁时失去了父亲。无论选哪一个,他都不可能对自己的父亲有太多记忆。然而他却更亲近这位幻影般的父亲,而不是有血有肉的母亲。

勃艮第的唐·恩里克是一位参加了天主教光复运动的贵族。他为阿方索六世作战,从穆斯林手中夺回土地。为了表彰他的战功,莱昂与卡斯蒂利亚国王阿方索六世给了他两样奖赏:自己的私生女特蕾莎和波图卡莱伯爵领地。至此,恩里克伯爵获准掌管这片土地,继续为阿方索六世效忠。然而事实上,在城堡和教堂之间,似乎流涌着其他暗潮。

那个年代,世俗权力和宗教权力盘根错节。在民族身份的形成中,宗教发挥了重要的作用,尤其是在波图卡莱这个被阿拉伯人占据了三百余年的地方。领地的组织管理在教区与总教区的网络之中进行,慢慢地,一条分界线越来越明显。这条线将米尼奥从加利西亚中分割出来,而这正是布拉加总教区和托莱多总教区各自影响的区域。1102年的一天,孔波斯特拉主教迭戈·日尔米雷斯走遍了米尼奥大大小小的教堂,抢走了各地的圣徒遗骨。官方的理由是要保护这些遗骨,避免它们遭受劫掠和亵渎。但其真实目的在于不让布拉加的圣徒与圣雅各遗物一争高下。在争夺"朝圣者"的战役中,胜利的天平最终倾向了加利西亚,然而战争才刚刚拉开序幕。

那个时期,克吕尼隐修院代表了一种精神力量,它从法国萌生，目标是改革教会。它携带着雄心壮志而诞生，希望成为天国的耶路撒冷在尘世的化身。很多当时极具影响力的大人物都曾在这里接受教育，包括托莱多主教贝尔纳多、布拉加主教杰拉尔多，甚至还有教皇帕斯卡二世。恩里克伯爵深知克吕尼派的影响力，或许是因为他本人就是克吕尼修道院院长雨果的侄孙。恩里克伯爵把特蕾莎的嫁妆布拉加城捐献给了大主教，作为双方持久而有益的友情象征（直到今天，恩里克伯爵和伯爵夫人特蕾莎仍然长眠于布拉加总教区一座被尊称为"国王圣堂"的教堂里）。大主教两次前往罗马，终于从教皇那里得到了波图卡莱伯爵和教会梦寐以求的胜利——布拉加恢复总教区[1]地位得以（读者们如果有兴趣，我可以讲讲另一个"直到今天"，那就是，直到今天，布拉加大主教仍然使用西班牙总主教[2]的头衔）。在欧洲天主教背景下，布拉加重获总教区地位具有深远的政治意义：它独立于托莱多，获得了在自己的领土内召集主教会议和控制司法的权力。

总之，那个冬天，圣杰拉尔多在水果的环绕中死去，而恩里克伯爵也在四年后去世，大家知道的，他的死亡没有传出任何奇事。布拉加的宗教自主权已经不再是问题了，反倒是伯爵领地的政治地

---

[1] 基督教中，通常数个教区集合设置一个教省，并选择一个地位重要的教区成为"总教区"。

[2] Primaz das Espanhas，这里 Espanhas 使用复数，和我们通常说的西班牙意义不同，是指当时存在于现今西班牙领土范围内的王国，包括莱昂、卡斯蒂利亚、阿拉贡等。

位开始出现危机。

丈夫去世后，伯爵夫人特蕾莎开始掌管伯爵领地，这位年轻的寡妇只有三十二岁，自然而然有了情人。但问题不在于她有情人，而是在于她找的男人都太特殊了：她先跟加利西亚贵族贝尔穆多·特拉瓦好上了，之后又处上了他的兄弟费尔南多·佩雷斯·德·特拉瓦。在那个时代的人眼中，跟一对兄弟相好无异于乱伦，必须加以道德审判，绝不能听之任之。更重要的是，特蕾莎不是普通寡妇，她是波图卡莱伯爵领地的伯爵夫人。对她来说，选择一个加利西亚贵族做情夫不仅意味着女人与男人相爱，更意味着波图卡莱与加利西亚几近结盟。特蕾莎显然对周围的风言风语毫不在意，她和费尔南多·佩雷斯·德·特拉瓦一处姘居，毫不避讳和他同时现身公共场合。伯爵夫人和费尔南多还未在上帝面前成婚就生活在一起，这种行为并不合适，因为她与教会关系极近，是布拉加总主教的朋友，而且，她与圣殿骑士团[1]的关系也不错，这个骑士团的宗旨在于保护圣地上的基督徒和天主教军队的大人物。在维塞乌主教座堂，主教没有姑息特蕾莎的罪过。他严厉斥责特蕾莎"与人姘居"，众目睽睽之下，备受侮辱的伯爵夫人不得不放开那只挽

---

[1] "圣殿骑士团"创立于第一次十字军东征之后，主要是由信奉天主教的法国骑士组成，最初驻扎在耶路撒冷圣殿山的阿克萨清真寺，得到罗马教廷支持而迅速发展壮大，1291年圣地陷落后逐渐式微并退回法国。他们是法国国王的大债主，也因此遭其迫害而致消亡（整理自维基百科）。

住情人的手。而对于这位敢于触犯"女王"的主教，史书不会让他籍籍无名，他是特奥托尼奥。两次前往圣地之后，他重回故土，成为阿方索·恩里克斯的圣心导师。

现在，我们终于讲到了小阿方索。那时，他不过是个茫然无助的孩子，父亲去世，母亲改嫁，有权继承的封地随时都会失去。母亲特蕾莎心向北方，而阿方索却把目光投向了南方，想要收复摩尔人占据的土地。他迅速长大成人，心怀壮志，决心违背母亲的愿望。是她把他带到了这个世界，但阿方索觉得，无论是在情感还是在政治上，她都让恩里克伯爵蒙羞。不久，母子间的隔阂就不仅仅是波图卡莱这一最重要的家族的内部事务了，纷争逐渐公开化，双方的支持者也开始纷纷站队。布拉加总主教帕约尔·门德斯从前一向支持伯爵夫人，这一次却选择站在阿方索一边。大概正是因为有了他的帮助，少年阿方索才会在1122年的五旬节前往萨莫拉主教座堂，自封为骑士。阿方索的所作所为在历史上并非首创，在其他时代、其他地区，也有其他国王做过同样的事。可能正是这些先人的做法启发了他。不过，这一行为完全说明了阿方索的性格：他穿过教堂，登上圣萨尔瓦多祭坛，领取自己的武器铠甲。他穿上护肩、勒紧腰带、戴好头盔、抓稳盾牌、举起宝剑。他根本没想过会有人来将他封为骑士。谁会来呢？于是他就干脆自封骑士。这是完美的独立宣言，并非想象中的王国，而是个人的独立。这也是战争宣言，他向母亲宣战。

自此,特蕾莎和阿方索渐行渐远。波图卡莱内外,所有人都知道他们的计划相左。相当一部分贵族站在特蕾莎一边,希望和加利西亚合并。另一部分人则谨慎地静观其变,以避免站错队的危险,那会得罪未来的胜利者。没有继承权的骑士都支持阿方索,他们都是次子,没有机会继承任何遗产,也就没有什么可以失去的,还有因信仰或机缘而坚持独立主义的人,不愿屈服于加利西亚人统治的贵族,以及教会中的激进派,也就是克吕尼修道院或熙笃会[1],他们已经依稀看见了一个机会,可以建立一个王国,世俗权力将彻底服从于灵魂的力量。

1127年夏天,双方本想缓和对立情绪,却不承想导致了正式的分裂。伯爵领地一分为二:阿方索·恩里克斯成为从吉马良斯到杜罗河的领主,而伯爵夫人特蕾莎则占据了杜罗河到蒙特古河之间的土地。这样,波图卡莱有了两位统治者,吉马良斯和科英布拉都成了都城,眼看就要从中间切成两半。局势日益紧张,王子对此无能为力。伊比利亚半岛上演的这场家族纷争很快传到了特蕾莎的外甥、莱昂和卡斯蒂利亚国王阿方索七世的耳中。此外,他还听说,波图卡莱继承人的势力与日俱增,已经完全脱离了特蕾莎姨妈的控制,并且抗拒莱昂对波图卡莱的影响。阿方索七世希望成为整个伊比利亚半岛的皇帝,他决定斩草除根,以绝后患。他

---

[1] 熙笃会(Cistercians)是罗马天主教修道士修会。又译成西多会。

派兵入侵了波图卡莱伯爵领地，把举起叛旗的表弟阿方索围困在吉马良斯，威胁杀死他及其全部支持者。阿方索的侍从埃加斯·蒙内斯急忙赶往托莱多参见国王。他辩称那些流言蜚语都是谎言，是敌人散布的；对莱昂和卡斯蒂利亚王国，除了深深的敬意之外，阿方索并无敌意。为了证明这一点，一旦国王撤去包围，阿方索就会亲自前来，亲吻阿方索七世的手，拜见他的表兄与他的王，一位拥有如此强大军力的主人。蒙内斯在辩解中表现出的善意说服了国王，阿方索七世下令撤去包围。阿方索获得了喘息的机会，但蒙内斯却没有。

"侍从"这个称呼很容易引起误解，埃加斯·蒙内斯其实是一位骑士，他的家族在波图卡莱举足轻重。他察觉到特拉瓦兄弟和特蕾莎在波图卡莱的影响力日益上升，决心协助阿方索争取独立。然而阿方索并没有履行向阿方索七世许下的诺言。相反，从阿方索感觉积聚了足够实力的那一刻起，他就开始和阿方索七世作对。后果就是——卡蒙斯曾在《卢西塔尼亚人之歌》中记载——蒙内斯回到托莱多向阿方索七世请罪。这次他带上了全家老小，愿用全家性命弥补欺君之罪。阿方索七世被他的诚意打动，将他赦免并让他安然离开。不过，这件事和其他很多同年代和同地区的传说一样，没有任何历史证据。

这一年尚未结束，阿方索就挑起战争，发起进攻。这场违背伦理的战争许多世纪以来始终被人铭记，因为狭路相逢者是一对母子。阿方索第一次进入了特蕾莎和费尔南多·佩雷斯·德·特拉瓦的领地，夺取了内瓦城堡和菲拉城堡。特蕾莎请求休战，但双方在派瓦新镇的谈判无果而终。几个月之后，1128 年的 6 月 24 日，关键之战打响了。在吉马良斯的圣马梅德，阿方索和特蕾莎的军队正面交锋，阿方索和特蕾莎本人都亲临战场。战斗很快结束，结果也很清楚：阿方索的军队无论在数量上还是在武器装备上都更胜一筹，没有付出太大代价就打败了母亲特蕾莎。阿方索·恩里克斯伯爵正式接管波图卡莱，毫无疑问，他没有让这片领地再被夺走。至于特蕾莎和费尔南多·佩雷斯·德·特拉瓦的命运，则隐藏在了历史的迷雾中。

正因为这场战役，无数传说和疑问产生。在战斗中，阿方索有没有殴打自己的母亲？这不大可能。阿方索确实反对母亲，这点没有疑问。阿方索打了母亲的追随者，这是一种猜测。之后的事情至少有两个版本流传：一种说法是特蕾莎和她的情人一起逃回了加利西亚，另一种说法是，阿方索俘虏了母亲，把她囚禁在拉尼奥佐城堡。但这两种说法都承认这样一个事实：特蕾莎没有活很久。她死于 1130 年，死后被送回布拉加，安葬在第一任丈夫恩里克伯爵身边，而不是费尔南多·佩雷斯·德·特拉瓦。

没有证据证明阿方索殴打过母亲，或者给她戴上枷锁、投入监牢，但同样没有证据说阿方索怜悯并宽恕了母亲。他会甘愿冒着反攻的危险而任她和情人逃走吗？倘若特蕾莎和费尔南多·佩雷斯真从圣马梅德全身而退,为什么他们没有组织任何反攻?这很奇怪,因为他们比任何人都清楚阿方索扩张的野心。难道他们因恐惧而静静地看着阿方索一步步逼近?只有传说才能解释疑问。比起历史真相,传说从来都能更好地整合历史中的零碎。如果阿方索真给母亲戴上了锁链,那么这段历史就能更好地呼应后面那段历史,比如国王晚年的最后一战,以及关于"黑主教"的神秘传说。

历史记载,阿方索囚禁特蕾莎的消息传到罗马教廷,教会上层深感不安。作为回应,教皇向葡萄牙派了一位使者,负责向阿方索·恩里克斯传达一个不友善的命令:要么立即释放特蕾莎,要么就等着整个波图卡莱受到绝罚[1]。这位使者有黑色的皮肤,被称作"黑主教"。他穿过意大利北部、法国南部、伊比利亚半岛东部和波图卡莱的边境,进入科英布拉,此时,他的到访已非绝密,消息在民间不胫而走,人们纷纷担心这位不祥的异乡人的到访会带来不好的后果。"黑主教"前往王宫向国王说明了教皇的命令,但信函上教皇的签名并不足以吓倒阿方索·恩里克斯。他立刻回答"黑主教"说在波图卡莱的领土内他自己说了算,不会接受任何外来干涉,罗马教廷也不行,他心意已决,不会再改变。

---

[1] 绝罚,字面意思是断绝往来,又译破门律,指开除教籍、驱逐出教、逐出教会等。现在该词主要被天主教所使用,是天主教所有惩罚中最严厉的一种。

1　预　言

阿方索的回应让"黑主教"别无选择。当天夜里,他绝罚了整个王国。但还没等他逃走,消息就传入了阿方索耳中。阿方索闯入科英布拉主教座堂,正好碰见教士们和教堂里的其他人聚在一起。一种令人紧张的沉默隔在双方之间,阿方索高声问,这里有没有一位主教。人们一个接一个地离开了教堂,直到只剩下一个人,就是那位黑皮肤的主教。两人正面相逢,国王大声命令主教,既然他是主教,那就为自己做弥撒。"黑主教"拒绝了,说自己从来没有被任命为主教,因此不能主持弥撒。而阿方索却不为所动,就在那一刻,国王任命他为主教,以此驳斥他。国王应该是这样说的:"主持弥撒,马上。""黑主教"吓得浑身发抖,他深深注视着国王的双眼,想弄清国王内心的真实意图,却什么也看不到。最终,马丁·苏莱曼——据说他叫这个名字——走进了圣器室,穿上主教法袍,尽全力满足了国王的要求。弥撒结束后,阿方索允许苏莱曼离开,但要求他永远不再返回科英布拉。

波图卡莱发生的事再一次传入了教皇的耳朵。阿方索已经逾越了所有的底线。他就像一个异端、一个野蛮人,不懂教规,得受点教训了。这个案子很重,不能再交给假托的主教,而是要交付给红衣主教[1]。

---

[1] 天主教会各级神职人员中仅次于教皇的职位,教内称"枢机",因其礼服通常为红色,故教外人士俗称为红衣主教。

没有人知道红衣主教何时到达波图卡莱，也没有人知道他的容貌。红衣主教在波图卡莱的停留非常短暂，他赶着天亮进入科英布拉，几个小时之后就趁着夜色离开。他和国王的见面没有带来任何改变，国王仍然拒绝释放特蕾莎。因此，当天深夜，当所有人都睡着了，红衣主教离开教堂，走遍了科英布拉的街道，绝罚了这片土地和它的所有子民。他完成了任务，骑上那匹载他来到波图卡莱的马，带上黄金、白银和牲畜，在四位骑士的护送下，快马加鞭地逃离了科英布拉。

然而，传说并未就此终止，尚缺阿方索的另一次英雄壮举来为它加冕。据说国王单枪匹马前去追赶逃走的红衣主教，不久之后，国王在波亚里什附近的威梅拉追上了那一行人。他一只手把无耻的红衣主教拽落马下，另一只手拔出那把五千克或者十五千克的宝剑。四位骑士大惊失色，他们警告阿方索，如果杀了主教，罗马教廷绝不会放过他和波图卡莱。阿方索不想杀死红衣主教，他只希望主教收回对这尚是胚芽的王国的绝罚，并留下金银和牲畜。红衣主教颓坐在地上，剑刃横在脖子边上，清晨的最初几缕阳光照在剑上，银光烁烁。最终，他接受了全部要求。于是，国王松开主教，把宝剑丢在地上，脱下衣服，展露出他伟岸身躯上的所有伤疤。他说："红衣主教，反正我是异端，那我就用伤疤来证明一下吧：这块儿是那次战役中受的伤，那块儿是在攻打那个城市时受的伤，受这些伤都是为了侍奉上帝，消灭我们信仰的敌人。为了完成这个理

1 预言

想,我必须把这些金银带走,因为我需要它们来继续我的事业。"说完,阿方索穿上衣服,用宝剑挑起装着金银的袋子,把牲畜赶在一起,扬长而去。不知道红衣主教和几位骑士后来的故事。他们一定回到了罗马,不知道他们怎样向教皇复命的。

所有这一切,"黑主教"也好,红衣主教也好,绝罚也好,威胁也好,所有这些营救伯爵夫人的努力都仅仅是传说。然而,除去这些,还有一个事实和一个传说我不得不讲。这个事实是:特蕾莎并没有死在监狱里,因为在1128年,她进入了加利西亚的一座修道院。这个传说是:在前往加利西亚前,特蕾莎愤怒地诅咒了未来的葡萄牙国王——"阿方索,我的儿子,你囚禁了我,夺取了我从父王那里继承的土地和尊荣,让我与丈夫分离。我向上帝请求,有一天你也会被人囚禁,就像我被你囚禁这样。你将镣铐套在我的双腿上,当年为了生你育你,它们也曾备受辛苦,一如我那备受痛苦的子宫,我希望锁链将你的双腿折断,我请求上帝让这一切成真!"

无论有没有母亲的诅咒或教皇的威胁,阿方索都会在波图卡莱继续完成使命,对此他无忧无悔。他会继续前进,发动一场又一场的战斗,从阿拉伯人手中夺回更多的土地,不让新的疆土再度失去。然而,在宗教方面,阿方索还有另外一场仗要打。当时,没有罗马教廷认可,任何王国都不合法。阿方索急需与罗马教廷展开谈判,先取得波图卡莱教会的完全独立,之后再让王国得到承认。如果国王真的曾对"黑主教"和红衣主教如此不敬，那么对此就不该抱有太大希望。但我们还是相信另外一个故事吧，我们之前已经说过了：从一开始，阿方索就得到了教会的大力支持。

当时，一群改革派教士决定在科英布拉兴建一座奥斯定会修道院。这个团体中包括了唐·特略和唐·佩库利亚尔等颇具影响力的人物，但第一领袖非维塞乌修道院院长特奥托尼奥莫属，我们在前面提到过他，若干年前他将特蕾莎和"与她姘居"的那个男人驱逐出了维塞乌的主教堂。特奥托尼奥不喜欢功名利禄，因此当他收到成为维塞乌主教的邀请后，便逃到了圣地。他一生去过两次圣地，追寻耶稣基督的脚步，最终找到了度过余生的地方：耶路撒冷圣墓修道院，陪伴在死而复生的救世主左右。然而唐·特略却让他没能如愿，他说服了特奥托尼奥，为了建立一个新的天主教王国，波图卡莱比耶路撒冷更需要他的帮助。特奥托尼奥接受了修道院院长一职。在阿方索·恩里克斯的支持下，圣十字修道院诞生了。这是修士与战士联盟的象征，葡萄牙因此而诞生。

这并不是个利益联盟。阿方索本人是非常虔诚的教徒，而奥斯定会的修士们也真心相信他们的使命具有至高无上的正当性：他们要为天主教攻城略地，使不信上帝者皈依，将其教化并转变为上帝的信徒。二者就像硬币的正反面般融为一体：当阿方索·恩里克斯和他的军队在战场上杀敌，修士们则在圣十字修道院祈祷葡萄牙的胜利。阿方索本人曾说，特奥托尼奥的祈祷比他臂膀的力量更加重要。特奥托尼奥成了阿方索的朋友、谋士和告解者。据说，正是他压制住了国王的暴怒，国王毫无意见地遵从了他，释放了莫萨利维[1]战俘，因为他们也是基督徒。

  阿方索继续征程，他比任何时候都更加自信，相信上帝站在他那边。1137年，塞尔内加一役，他战胜了加利西亚和莱昂联军，终结了表哥阿方索七世吞并波图卡莱的野心。两年后，在至关重要的奥里克战役中，阿方索以少胜多，击败了五个摩尔国王，之后自封为葡萄牙国王。这是最具传奇色彩的一战。战役发生在6月25日，这个日子好像是杜撰的，只是为了和"摩尔人的克星"圣雅各的庆日相吻合。战役发生在哪里至今是一个谜，至少有三个可能的奥里克，一个在雷利亚，一个在里巴特茹，还有一个在阿连特茹。最后，钉在十字架上的耶稣基督在天使环绕下显灵，他在战斗开始前向阿方索·恩里克斯保证，会让他取得胜利。14世纪，当葡萄牙再一次为了捍卫独立而与卡斯蒂利亚交战时，才第一次出现了这个传说，凭着幻想之中的神的意愿，国家的主权有了稳妥的保障。

  真相并不那么重要，而且，传说一再地表明，它比历史有用得多，因此，奥里克之战在葡萄牙神话史中永远占有核心地位。直到

---

[1] 生活在穆斯林控制的区域，生活习惯和仪式受到穆斯林影响的天主教徒。

葡萄牙共和国国旗，自1911年启用至今

今天，它仍然被铭记在国旗的中心。国旗上的五个盾牌就代表了五个被击败的摩尔国王。每个盾牌上有五个白色圆形"比赞"，代表了十字架上的耶稣的五个伤口，正是他，激励国王取得了胜利。

四年后，阿方索·恩里克斯重返萨莫拉。这一切都要感谢若昂·佩库利尔的努力，他曾是圣十字修道院的修士，当时已被擢升为布拉加大主教。这一次，恩里克斯是为了和阿方索七世签下承认葡萄牙独立的条约，尽管教皇的认可几十年后才到来。1147年，即与萨伏依的玛法达结婚之后一年，在路经葡萄牙前往耶路撒冷的十字军的帮助下，阿方索攻占了里斯本。葡萄牙的第一面国旗就是白底上的一个简单的蓝色十字。

阿方索·恩里克斯在科英布拉统治国家，毗邻众位为他祈祷的圣十字修道院修士。特奥托尼奥为阿方索的儿子桑乔洗礼。作为长子，终有一天，他将继承王位。还是特奥托尼奥施展奇迹，在王后玛法达难产时，拯救了她的性命（这件事记载在圣十字修道院祭坛的石碑上）。然而，因为难产后遗症，王后最终在1157年离世。

1162年，轮到了特奥托尼奥自己，他走过了漫长的八十年，经历了很多战斗,从科英布拉走到耶路撒冷。一年后,阿方索·恩里克斯亲自开启了封圣程序,使特奥托尼奥成为了葡萄牙王国的第一个圣徒。然而,好几个世纪之后的今天,有人提出了一个奇怪的假设,认为那个可耻的"黑主教"不是马丁·苏莱曼,而是特奥托尼奥。原因在于当时的教皇不太可能把如此重任交给一个皈依了天主教的黑人或者穆斯林。因此,这位"主教"被称为"黑主教"不是因为肤色,而是因为衣服。圣十字修道院修士的服装都是黑色的,特奥托尼奥也不例外……

此时,国王陷入了无可挽回的孤独中。他无父无母,没有很多兄弟姐妹,没有妻子,此时又失去了精神导师。他全心全意地投身在开疆拓土的事业中。不知他是否会被母亲的诅咒传说中的幽灵袭扰,在夜晚突然惊醒。然而,重重恐惧之中,人们有一天会看到这预言的实现。

许多年过去,阿方索·恩里克斯六十岁了,从父亲那里继承的疆土已经增加了两倍。直到这时,阿方索仍然未尝一败。尽管年事已高又伤痕累累,阿方索仍然继续统领葡萄牙军队征战。但这一次在巴达霍斯,阿方索低估了莱昂和加利西亚国王费尔南多二世的实力和计策,更没算到他竟然早与巴达霍斯的领主合谋。阿方索不幸中伏,一面是城堡,一面是海岸,一边是摩尔人,一边是莱昂人。更糟的是,他将落入费尔南多二世之手。费尔南多二世是阿方索七世之子,是阿方索一世的表外甥;他从小在特蕾莎的旧情人费尔南多·佩雷斯·德·特拉瓦教导下长大,又娶了阿方索的女儿乌拉卡为妻,因此还是阿方索一世的女婿……阿方索知道自己不可能双线作战,于是决定骑马突围。阿方索试图冲出城门,但大腿却撞在了没收好的沉重门闩上,他重重地摔在地上,大腿在碰撞的那一刻就折断了,之后,又被倒下的战马一压,伤势更加严重。国王很难起身,但他最终还是自己站了起来,却面临一个无法避免的结果:这位英雄历经圣马梅德之战、奥里基之战、圣雅各之战、里斯本之战和无数其他战役,如今却成了战俘。

谈判持续了两个月。葡萄牙支付了赎金,将攻占的城池还给莱昂,终于换来了阿方索的自由。不过,从个人角度看,费尔南多二世对被囚的岳父相当好,找来王国里最好的医生给他治疗。但是,人们没有忘记三十年前特蕾莎对儿子的诅咒:"我向上帝请求,有一天你也会被人囚禁,就像我被你囚禁这样。你将镣铐套在我的双腿上,当年为了生你育你,它们也曾备受辛苦,一如我那备受痛苦的子宫,我希望锁链将你的双腿折断……"

阿方索·恩里克斯再也没有回到战场上。他又活了很多年,继续治理国家。但对他来说,战鼓雷鸣的时代已经彻底成为过去。也许就在那段时日,他第一次意识到他不能永远做国王,他亲手创立的国家将会比他活得长——是时候培养继任者了。

阿方索足够长寿,见证了教皇最终认可葡萄牙王国的那一天。1179 年,在向罗马教廷贡献大量财富后,葡萄牙王国最终获得了

1 预　言

承认。1185 年 12 月 6 日，阿方索一世驾崩，享年七十六岁，在位四十六年。在他之后，葡萄牙还有三十四位国王，但没有人比他的在位时间更久。从出生到离世，阿方索一世把葡萄牙从蒙特古河拓展到阿尔加夫附近。他的遗体安葬在科英布拉的圣十字修道院内，旁边是妻子玛法达王后、王位的继承者桑乔一世以及他的朋友和告解者圣特奥托尼奥。

几个世纪后，曼努埃尔一世统治时期，正值波澜壮阔的大航海时代。有人向罗马教廷提议为阿方索·恩里克斯封圣。但此事不幸胎死腹中。我们不能把原因归结于阿方索一世冒犯"黑主教"和红衣主教的古老恩怨。毕竟，作为一个曾经打过生母的"野蛮人"，阿方索一世不太可能被封为圣人。真相似乎就隐藏在一个又一个的传说中间……

到了 21 世纪，一个科研团队提议打开阿方索一世的坟墓，以供研究。葡萄牙开国国王到底是什么人？科学可能会有令人震惊的新发现。但这个提议被否决了。

还好，不然要是发现阿方索·恩里克斯其实很矮小，腿骨没有在战争中受过伤，连一把短剑都举不动（更不要说那柄传说中的宝剑），那该怎么办呢？

超过八百年的国家都是由巨人国王建立的，他们以一己之力打赢无数战役，口中喷火，不惧神灵，也不畏诅咒。

即便这样的国家从不存在！

梅希亚王后之劫
桑乔二世与梅希亚王后

在葡萄牙,国王和教会要相处融洽绝非易事。以阿方索·恩里克斯为例,教会里有一部分人是他最重要的盟友和伙伴,可另一些人又与他为敌。对他的后人而言,情况也不会更好。实际上,罗马教廷在很长时间里都密切关注着这个偏居欧洲最西边的年轻王国。他们专注、好奇、警惕地注视着葡萄牙,眼神中既有猜忌,又不乏投机,真的很难说清楚。要不是阿方索·恩里克斯活得够长,他甚至可能没有机会亲眼见证教廷正式承认葡萄牙独立。在受了许多苦,破了许多财后,他直到七十岁高龄才盼到这个喜讯。

作为阿方索·恩里克斯的儿子和葡萄牙王国的继承人,桑乔一世也是在受了好一阵折磨后才得以执掌起一个王国的世俗权力。在他所处的中世纪晚期,教会普遍和地方豪强们勾结在一起。

对于一个王国来说,获得教皇的承认并不意味着一劳永逸,教廷每年都会重新认定王国的资格。要想保住王位，国王就得年复一年地向罗马教廷送去丰厚的贡品。桑乔一世清楚地知道，为了让教廷尽早承认葡萄牙，父亲曾经大笔大笔地向罗马进贡。他误以为当年的付出已经赢得了教皇对葡萄牙的信任，因此至少最近几年，他不必再向教廷进贡了。但教皇乌尔巴诺三世显然对此抱有截然不同的态度。在他的要求甚至威胁下，桑乔一世又恢复了对教廷进贡。

即便如此，这笔钱只够与教皇和睦相处。在国王和国内教会之间，火药味还是渐渐浓了起来。教会不愿意批准国王长子阿方索的婚事，因为新娘乌拉卡是卡斯蒂利亚国王的女儿，也是新郎的七代内血亲。教会认为这桩婚事违背教规，波尔图主教马丁尼奥·罗德里格斯拒绝主持婚礼。此事激怒了桑乔一世。国王派人把主教抓来关了几个月，推平了主教拥护者的房屋，还让被绝罚的教徒和被褫夺教权的教士进入教堂。

奇怪的是，国王做出这样的事，只是为了在神父和主教们面前发泄一下，实际上他和他父亲一样，是十分热忱的基督徒。国王的长子阿方索当时还是个十五岁的少年，却已经在鬼门关上走了一遭。他患的病大概是麻风病的一个变种，以当时的医疗水平，这种病无药可医。在穷尽了所有的医疗资源而无果后，国王还能做什么呢？他听说在巴什图曾有一位非常受人爱戴的女圣人，她是10世纪时巴什图的一位修女，人们叫她"小夫人"。这个称呼的来由仍然是个谜。一种说法是，因为她很早就失去了母亲，从小就一直是深闺中的"小夫人",她父亲是一位当地的贵族,也一直叫她"小夫人"。还有另一种更靠谱的猜测:她是个侏儒。当时的人们往往认为侏儒具有一种难以解释的超自然力量。"小夫人"的来由只是这位颇具神秘色彩的人物身上种种谜团的一个开始,这些谜团的答案至今无人知晓。比如说在巴什图的米萨雷拉桥上,至今仍有人在为新生儿施洗时以这位"小夫人"的名义把河水洒在母亲的肚子上。不过,最关键的一点是确定无疑的,这位女圣徒的墓成了人们朝圣的目的地。整个地区的朝圣者都会在她墓前祈祷,作为回报,他们的请求往往奇迹般地得以实现。桑乔一世备好马向北方飞驰。在巴什图,他像普通的朝圣者那样,走向女圣人的教堂,在她的坟前跪下,向她祈祷儿子的病能够康复。不知道是否真的是"小夫人"显灵,也不知道是奇迹还是巧合,但事实就是,阿方索痊愈了。1200年左右的一份国王签署的文件印证了这个故事的真实性,在这份文件中,国王下令把巴什图的一片土地赏赐给当地的修女们。甚至有人说国王亲自为赏赐的土地划界。这件事展现了桑乔一世这位慈爱的父亲对幼子的舐犊之情。特别是考虑到国王有十八个儿子,他本不必为其中一个儿子的生死如此操心。

更出人意料的是,尽管阿方索是在上帝的关怀下,通过一位女圣人的帮助才活了下来,他却成了葡萄牙历史上第一位被教会绝罚的国王。

"垦殖者"桑乔一世在儿子奇迹般康复十一年后离开了人世。

2 梅希亚王后之劫

阿方索继承了王位,成为阿方索二世。阿方索二世的绰号是"胖子"。和大多数国王不同,他的绰号不太好听,但这也反映出,他年轻时的病没有完全治好。阿方索二世的身体一直比较虚弱,而且可能患有我们今天所说的"肥胖症"。不出预料,国王登基后就对教会开战,并导致了王权的增强与教权的相应削弱。

在整个中世纪,教会逐渐取代了罗马帝国,对各地进行规划和管理。村庄、乡镇和城市都按照教会结构被划分为教区和总教区组成的网络。如果看得更细一点,就不难发现,神父往往成了一个地区的最高长官。从宏观上看,我们会发现教会和世俗权力阶层之间的关系越来越危险。要想巩固葡萄牙王国,国王必须一点一点地抵抗教会实力的渗透。葡萄牙世俗权力的归属应该是确定无疑的:它只属于国王,不应受教会的渗透和控制。

阿方索二世的态度非常鲜明。他在科英布拉的王宫里制定法律,禁止修道院和宗教骑士团拥有田产。国王因此与布拉加大主教埃斯特旺·苏亚雷斯·达·席尔瓦交恶。大主教坚持在自己的总教区内持有田产,最终被国王逐出了葡萄牙。教士们很快加以报复,把国王告到了罗马教廷。教皇下令绝罚葡萄牙国王。不久,阿方索二世因为身体羸弱而去世,年仅三十八岁。没人知道他死后是不是真的不能进入天堂。

在这样的背景下,我们来到了葡萄牙第四位国王桑乔二世的时代。关于他,有一段极富戏剧性的故事,发生在他生命中最重要的时刻。那就是他的妻子梅希亚王后遭人绑架的故事。

1223年，绰号"戴兜帽者"的桑乔二世在父亲离世后接掌王位。此时他还很年幼，只有大约十三四岁。他从父亲手中继承的不仅是王国，还有战争。他要对抗的有教会，有他的姑母们，有地方贵族，还有整个国家的精神状态。教会自然不必说，姑母们要和他商议某些城堡及其收入的归属问题，贵族们面对国王的集权坐立不安。葡萄牙仍旧生存在刀光剑影中，连年的歉收后，人民饱受掠夺、陷于水火，国家的精神状态也是一个问题。

起初，桑乔二世本人或者年轻国王身边的幕僚想方设法应对着棘手的困境。他与布拉加大主教议和，平息了教廷对葡萄牙的敌意。接下来，国王开始南下，征讨残余的摩尔人领地，在圣雅各骑士团等十字军的支持下，从摩尔人手中为葡萄牙夺回许多土地。埃尔瓦斯、莫拉、塞尔帕、贝雅、阿尔茹什特雷尔、梅尔图拉、塔维拉、阿尔维和阿亚蒙特都是这次光辉胜利的战利品。更重要的是，军事胜利意味着胜利者们可以瓜分土地。有了土地，贵族们也安下心来。

然而，桑乔二世的政治素养恰与他的军事才能成反比（其实对于桑乔二世的军事才能，学界目前也还有争议，有人认为桑乔二世的军功很大程度上要归功于骑士团）。他无力察觉与管控身边人的心机，优柔寡断又粗心大意。在国内，桑乔二世放任自己的敌人成长。要知道此时的背景是葡萄牙的贵族不断滥用权力，主教插手政

2 梅希亚王后之劫

治,乡村地区动荡不安、流匪横行的情况随处可见。国王的敌人把当时的葡萄牙描绘成一副难以想象的地狱景象:坟墓受到亵渎,教堂燃起大火,修女们在修道院中遭到劫掠,神父和僧侣惨遭杀害,还有许多抢劫和乱伦。滔滔罪恶致使全国上下瘟疫盛行。

桑乔二世从不知道也无从知晓为什么自己的曾祖父、葡萄牙的缔造者阿方索·恩里克斯没有保佑他抵御这一切厄运。他开始在暗地里为自己的退位做准备。

不久后,一封带有教皇印记的信从罗马寄到了科英布拉王宫。打开信封,国王看到了教皇格里高利九世给他的信,这是一封警告信。教皇在信中说,对葡萄牙目前的状况,他不会再容忍太久。教皇说葡萄牙的教士出于扬善的目的呈上了很多报告,细致而残忍地描述了葡萄牙的"惨状"。但教皇似乎觉得这番警告并没有达到效果,很快寄来了第二封信,正式宣布绝罚桑乔二世。桑乔二世就这样成了葡萄牙连续第二位不能升入天堂的国王。

且不论桑乔二世算不算得上一个好的政治家、军事家或国王,他至少继承了父辈们的那股倔脾气,拒绝接受教皇的责罚。他继续在战场上开疆拓土,对诽谤的声音充耳不闻。一会儿有人提起他父母的婚姻曾遭到天主教会的拒绝,一会儿又有人说他登上王位的流程不合规矩,还有人说他继承王位时年纪轻轻,受到了身边那些别有用心的贪官佞臣的蛊惑。这一切都足以成为废黜桑乔二世的理由。1240 年,在征服了整个阿连特茹后,桑乔二世开始寻觅王后的人选。但他万万没想到的是，他的婚姻竟然为将来烧死他的柴堆添了一把火。

他要反抗。

谁也没有料到梅希亚王后的个人命运有朝一日竟会如此紧密地和葡萄牙的命运连在一起。梅希亚·洛佩斯·德·阿罗王后是莱昂国王阿方索九世的孙女，她的父亲罗博·迪亚士·德·阿罗爵士是伊比利亚半岛上最具权势的贵族之一。早在1231年，她就嫁给了阿尔瓦罗·皮雷斯·德·卡斯特罗伯爵。这段婚姻中有这样一段令人称奇的故事。一次阿尔瓦罗和他的士兵们外出作战，被摩尔人军队包围在科尔多瓦附近的马尔托斯城堡。梅希亚孤身一人，只有侍女为伴。她和她的侍女们穿上铠甲登上城堡的城墙远眺。梅希亚相信自己看到了马尔托斯城堡，她看到的景象与收到的伯爵战败的消息正好相反，大量的守军紧守住城堡，摩尔人军队已经开始调头撤退，随后遭到了阿尔瓦罗伯爵的乘胜追击。可是后来，梅希亚的生活突然就遭遇了变故，阿尔瓦罗伯爵在1239年意外身亡。所以，桑乔二世要迎娶的这位王后不但是个寡妇，其母一脉还是阿方索·恩里克斯的后代。也就是说梅希亚改嫁给了她的表弟。

桑乔二世就这样重复了他父亲犯过的错：坚持一场违背教规的婚姻。这桩婚事往大了说有乱伦之嫌，往小了说至少也是一种挑衅。

2　梅希亚王后之劫

由于王国领土迅速扩张，葡萄牙的人口也迅速增加，导致了各种各样的不平衡，并引发了国内社会的不断动荡。在这样的背景下，悲剧终于上演了。葡萄牙的贵族和高级教士们联合起来要求废黜国王。但这只是提出了问题，而没有提供答案。谁有资格接过葡萄牙的王位呢？桑乔二世是阿方索·恩里克斯的重孙，是桑乔一世的孙子、阿方索二世的儿子，要质疑他国王身份的合法性，还差什么呢？怎样才能既找到一位合适的国王人选，又不至于分裂葡萄牙，而是让它更加团结呢？教皇的建议是"找一位积极而又谨慎，有能力治理和保卫王国的人选"，消除这片土地上的流毒。那么，这个人只能是国王的弟弟阿方索了。阿方索已经在法国住了很多年，他在那里和博洛尼亚女伯爵结了婚，因为在那个年代，他作为国王的次子，无权继承王国的任何土地，移居国外是最明智的选择。

很快，一群人就前往巴黎向阿方索提议共举大计。他们听到了阿方索的满口誓言，他承诺会遵守与贵族和教会的协议，把他哥哥从他们手中剥夺的特权和财产一一归还：贵族特权、豁免权、自治传统、骑士、牧师、主教……所有的特权都会恢复。阿方索活像一位候选人在参加选战。

1245 年左右，桑乔二世已经正式被罢黜了，但他哪儿也没有去，就好像他之前被绝罚时一样，总体上讲对他的行动没什么影响。这时阿方索想起了一个重要的问题，他需要成为唯一而无可争议的国王,一旦他哥哥有了孩子,总会有人支持这个孩子继承王位。但阿方索这时似乎还不想脏了自己的双手,至少暂时还不想。于是他向教皇提了一个问题,一个无关紧要的小细节:桑乔二世和梅希亚王后是表兄妹。说不定这能成为废除他们丑恶的婚姻关系的借口!教皇诺森四世对"博洛尼亚人"的意思心领神会,立即决定宣布这段丑恶而反自然的婚姻无效,还命令国王和王后立刻分离,永不相见。

桑乔二世又一次选择了宁折不弯,把命令抛诸脑后。各方的耐心都已经到了极限,结局已经再明朗不过了:开战。

1245年末,阿方索在里斯本登陆,开始了持续一年的战斗。国王的军队在盖亚重创阿方索的军队。这场惨烈的战斗给桑乔二世带来了双重胜利。直接的胜利是由战场上统军的马丁·吉尔·德·索维洛萨赢得的,间接的胜利是国王拯救了自己的婚姻。然而,这场未遂的政变还将继续。在科英布拉,国王和王后注视着蒙特古河的河水和两岸,意识到他们不能独力抵抗这次谋反,于是向卡斯蒂利亚求援。卡斯蒂利亚一方面派兵进入葡萄牙支援桑乔二世,另一方面向罗马教廷施加影响,希望教皇能够提醒阿方索好好想想,他对兄长的所作所为是否合适。葡萄牙一时间遍地战火,但桑乔二世方面继续捷报频传。阿方索意识到,想要战胜兄长,自己必须用上更阴险的手段,毕竟在情场和战场上,什么都有可能发生。

1246年夏天,在军事上接连失败后,阿方索想出了一个直击

2　梅希亚王后之劫

哥哥致命要害的诛心之计。他组织了一支小队,由布拉加大主教的兄弟雷蒙多·维埃加斯·德·波托卡雷罗和戈麦斯·阿内斯领导。他们前往科英布拉,潜入王宫并绑走了梅希亚王后。通过这样的方式,阿方索既终结了哥哥这段备受诅咒的婚姻,又执行了教皇的命令,还让国王在葡萄牙民众面前威严扫地、备受羞辱。一个连自己妻子都照顾不好的人,怎么能指望他照顾好葡萄牙呢?

绑匪们在七月一个平静的黎明出动,葡萄牙的夜色里充斥着炎热的空气。他们打扮成僧侣,一脸无害地谎称要向北赶路,请求国王给他们一个栖身之所,一方面稍稍舒缓旅途的疲乏,一方面能在尊敬的桑乔陛下身边享受几个小时的平静也是一种荣誉。就这样,国王毫无防备地给他们开了门。我主耶稣基督啊,这些人花言巧语,国王就信以为真。他们说"看在耶稣基督的份上",国王听了很高兴。他们还说葡萄牙国王对他们这些"耶稣的仆从"做出如此单纯的义举,简直感天动地。他们一夜未眠,为国王祈祷,祝愿他健康,祝愿他得胜,祝愿他得到平静,祝愿葡萄牙获得和平,祝愿所有人相互和解。当然,还要为梅希亚王后祈祷,为什么不呢?他们为国王和王后委屈的婚姻祈祷,为两个高贵的纯洁灵魂能够获准相爱而祈祷。他们甚至祈祷战争能尽快结束,祈祷阿方索能够理解桑乔二世,祈祷国王的弟弟能为自己的态度后悔,从和兄长争夺王位的白日梦中醒过来。是的,虽然他们主要是为神明服务,但同样不能对人间疾苦漠不关心。

也许梅希亚王后和桑乔二世已经睡熟了,也许他们行房后赤身裸体睡在一起,又或许他们是分开睡的,身上搭着薄薄的毯子,在夏日的炎热中精疲力竭地睡着。"僧侣"的行动没有受到任何阻拦,也许他们用金币和"祝福"买通了守卫:"拿着吧,我的孩子,肉体的快乐你在天堂都找不到!"守卫毫不犹豫地收下了这些好心的基督徒们给的钱,留下国王和王后,径自去了最近的妓院。雷蒙多·维埃加斯·德·波托卡雷罗和戈麦斯·阿内斯潜入卧房,走近梅希亚王后。其实这时候他们完全可以结果国王的性命来结束这一切。但这个罪过太大了,简直比死亡还要难以承担。突然间,他们俩一个捂住王后的嘴,一个缚住王后的胳膊。王后吓得睁开了眼睛,她尽力在一片漆黑的夜色中辨识出绑架者的长相,但很快就被绳子捆住了手脚,堵住了嘴。桑乔二世还在熟睡中,绑架者们和王后都看了他最后一眼,然后消失在门外。

国王过了好几分钟才醒过来,一阵嘈杂的犬吠让他感到惴惴不安。假僧侣已经露出了真面目,带着梅希亚王后在夜色中纵马疾行。国王抓起一把剑就冲下楼去,带人沿着绑匪们的踪迹追去。国王意识到他们正在逃往欧伦,但他们已经逃出太远,自己很难在他们到达城堡前追上。国王追到欧伦城门口,从马上跳下来,出示自己的国王徽记,对守城的士兵们大声喊道:"我,蒙我主耶稣基督之名的葡萄牙国王、高贵的阿方索·恩里克斯的重孙桑乔,命令你们把我的合法妻子、比斯开领主的女儿梅希亚·洛佩斯·德·阿罗

2 梅希亚王后之劫

带回我身边。我还要命令你们把这些绑匪带到我和我的宝剑面前,让他们招认是谁下令对葡萄牙国王施以这样的阴谋诡计!"

国王嘶哑的声音回荡在夜色中,一时间四下只剩稀疏的马蹄声、呼吸声和远处传来的鸡鸣。突然,空中炸响了一声雷。不,不是雷,而是一阵石头雨,是从城堡上扔下来的石头。国王和他的士兵们下马戴上头盔向城堡靠近。但飞石越来越密集,国王和士兵们都后退了几步。国王举起胳膊护着头,士兵们继续后退。飞石还在继续,国王无助地看看他的士兵,低下头去,然后又抬起头,看了这座城堡最后一眼,也许是最后一眼。他对着城墙大声吼叫着梅希亚的名字。他的喊声向地平线传去,几乎是在嘶吼。国王骑上马,用马刺狠狠刺了一下马,然后就飞驰而去,士兵们跟在他身后。

营救梅希亚王后的努力在欧伦停止了,但保卫葡萄牙的战争还远未结束。桑乔二世回到了战场上,他又得到了卡斯蒂利亚和莱昂王国王储阿方索的帮助,后者是费尔南多三世的儿子,未来的阿方索十世。他提供的宝贵帮助让桑乔二世在雷利亚再次击败弟弟。然而,教皇还是坚持要桑乔二世退位,所以战争只能继续。阿方索十世最终退回了卡斯蒂利亚和莱昂,留下桑乔二世孤立无援。

带着一身疲倦、失望和病痛,桑乔二世在1247年决意退位,即便到此时,他仍从未在一场战役中输给弟弟。他流亡到托莱多,但在那里没有住很久。因为他在第二年的一月四日就与世长辞,年仅三十八或三十九岁,在位时间有二十五年。但这些对他已经不重要了,因为他先是失去了弟弟,后又失去了妻子,最后失去了王国。活还是不活,又有什么关系呢?

关于葡萄牙王国的第四位国王,我们还要点出最后一件奇事——桑乔二世是整个勃艮第王朝唯一没有留下子嗣的国王。他没有嫡子,也没有私生子,甚至连情人都没有。

桑乔二世一生中最痛苦的时刻,就是他妻子在他身边被夺走的那个夜晚,因为梅希亚王后是他最后的依靠。然而,这段故事有重重疑点。王后真的是被绑架的吗?还是说有可能是主动离开的?试想,王后怎么会毫不抵抗就被绑出王宫,还前往了在她自己控制下的欧伦城堡?后来,王后去了卡斯蒂利亚,一直在姐夫的领地里过着平静的生活。1270 年,在桑乔二世去世很久后,她才在帕伦西亚离世,她在那里有一块土地。而在这么多年里,她似乎从来没想过要为自己的丈夫桑乔二世报仇雪耻。

至于篡位的新国王,他确实是在哥哥去世后才正式登上王位,成了阿方索三世。如果说今天我们不把他当作罪人或者至少葡萄牙历史上两个有篡权嫌疑的人物之一,那一定是因为他延续了兄长开疆拓土的丰功伟业,在 1249 年征服了整个阿尔加夫,使葡萄牙的领土到达地中海沿岸。这伟大的胜利让人们很快忘记了那段兄弟阋墙的回忆。至此,在经过了一百多年的经营后,葡萄牙在欧洲大陆的领土基本形成,这与我们今天所知的葡萄牙领土已经大致相同。

故事讲到这儿已经可以结束了,但我们还剩下一些有趣的细

2 梅希亚王后之劫

节。还记得教皇对葡萄牙的建议吗？"找一位积极而又谨慎，有能力治理和保卫王国的人选"。阿方索三世显然和"谨慎"这个特点不沾边。在法国生活的十五年里，他一直过着波希米亚式的闲适生活。他的绰号"博洛尼亚人"仿佛给了他一个"周游列国"的光环，但实际上这不过是因为他娶了女公爵玛蒂尔德，而她是菲利佩·乌鲁佩尔的遗孀和博洛尼亚等地的领主。两人于1238年结婚，而众所周知的是，1245年阿方索就回到了葡萄牙讨伐自己的哥哥。1248年桑乔二世死后，阿方索三世长舒了一口气，他终于可以登上王位了。而他要做的第一件事，就是迎娶卡斯蒂利亚公主比阿特丽丝，仿佛他要在葡萄牙开启一段全新的人生，而之前的一切全未发生过一样，包括那位被他留在法国的有权有势的妻子。

葡萄牙的这位新国王十分多情，似乎立刻就爱上了卡斯蒂利亚公主比阿特丽丝，一个九岁的孩子，又似乎已经忘记了公主的父亲阿方索十世不久前还在战争中帮助桑乔二世。真没想到这么快之前的敌人就成了岳父。而巧合中的巧合是，这桩婚事既美好又实用，给了葡萄牙的阿方索三世国王一个强大的盟友，有利于两国的和平，还确保卡斯蒂利亚人不再和他争夺之前声索的瓜迪亚纳的领地。哦对了，还有最重要的一点忘了说，阿方索三世和他新娘的祖父是直系表亲，也就是说，他和小小年纪的比阿特丽丝也一样是近亲。

现在我们有了这样一位国王，他废黜了自己的亲哥哥，派人绑架了他的妻子，都是以哥哥和嫂子是近亲为借口。而轮到他自己当国王时，他的所作所为用今天的标准来说是重婚、恋童加乱伦，更不用说他还自相矛盾。

从阿方索三世的人品不难看出他的政治操守。我们都还记得他得知自己有机会染指葡萄牙王位时的样子，作为次子这样的机会他曾经连想都不敢想。我们都记得他在巴黎立下了怎样的誓言，承诺要把一切特权都归还给支持他的各方势力，特别是教会。而现在，在成为国王之后，在把国土拓展到地中海之后，在通过联姻邻国公主确保了边境稳定之后，阿方索似乎把自己曾经的承诺忘了个一干二净。谁还能威胁到我呢？那些人还能报复我不成？阿方索三世就这样一步一步地走上了父亲和哥哥的老路。他越来越感到无法容忍贵族和教士在他的眼皮底下经营自己的势力，于是从他们手中收回了一切财产和特权，但凡有所抵抗，就实施暴力镇压。

同样的因带来同样的果，神父和主教们又开始罗列新国王的种种罪行，向罗马教廷告状。在那个时代，从葡萄牙往罗马送信颇费时日。然而更坏的还在后面，1253年，女伯爵玛蒂尔德惊闻八年前去往葡萄牙争夺王位的丈夫早已登基为王，他和他的王后住在王宫里，而她自己却被晾在法国。

女伯爵立即启程前往葡萄牙，她要狠狠地羞辱丈夫一番。阿方索三世毫不慌张，下令把女伯爵驱逐出境了事。而女伯爵也毫不退让，她直接写了一封信给教皇，详细解释了事情的前因后果。这封

2 梅希亚王后之劫

信和其他四十三封波尔图、科英布拉和布拉加的主教们写的控诉国王暴行的檄文一起被送到了教皇面前。教廷随即下达了明确的命令：阿方索三世必须马上休掉第二位妻子，恢复和玛蒂尔德神圣的夫妻关系。我们不知道阿方索三世在接到命令的那一刻有没有想起自己的哥哥，但我们知道他选择了和哥哥一样的回应方式：根本不理教皇的谕令。

玛蒂尔德很快就在 1258 年去世了。于是一部分问题得到了解决。但还剩下另外一部分问题，教会的指控不断增加，国王终于支持不住，与教会约定在圣塔伦进行协商。为了使国王的罪过得到赦免，他们达成一致，决定组织一个调查团调查国王的罪行。调查的结果对国王非常有利，因为他在调查团中安插了不少自己人。可是，在葡萄牙国内玩弄权柄是一回事，在罗马教廷过关就是另一回事了。教皇格里高利十世的忍耐终于到了极限，阿方索三世成了连续第三位被绝罚的葡萄牙国王。

时光飞逝，死亡临近。阿方索三世回首往事，对即将到来的死亡充满了恐惧。他不敢说自己的一生都是按照理想的基督徒标准度过的，等待着他的会是地狱里永不熄灭的烈火吗？1276 年，上帝似乎站到了他这边。在葡萄牙和罗马教廷冲突了这么多年后，一个葡萄牙人竟然将要登上教皇的宝座。佩德罗·朱里奥——伊比利亚的佩德罗，或者叫教皇若昂二十一世——是第一位出生在葡萄牙的教皇。这个国家，新教皇诞生的国家，是由阿方索·恩里克斯创始，由他阿方索三世确立的。国王想，一切终于可以平静下来了，双方终于可以相互理解了，或者以比较口语化和生动的说法，终于有了一个和他说同一种语言的教皇了。然而，十一个月后，在维泰博教皇宫，教皇若昂二十一世被塌下的卧室天花板砸死了。真是太倒霉了。

阿方索三世时年六十七岁，他妻子三十五岁。他开始感觉到上面的那个世界。他感到衰老、病痛、腐败、无力。地狱已经近在咫尺。地狱会不会不存在呢？万一只是编出来吓唬我们的呢？如果地狱不是编出来的呢？如果真有永不熄灭的烈火呢？我会下地狱吗？我会在那里碰到哥哥吗？玛蒂尔德呢？还有所有的教皇呢？

国王开始乞求教皇的原谅，一次又一次地乞求，一次又一次地发誓。他又开始像他很多年前在巴黎时那样满口誓言。他把自己夺走的一切都归还给教会，并主动退位。但教皇不会收回绝罚的成命，葡萄牙的主教们也不会原谅他。太晚了，一切都太晚了。在弥留之际，只有阿尔科巴萨的教区长同情他。1279 年 2 月 16 日，阿方索三世去世，安葬于阿尔科巴萨。

3

婚姻故事
迪尼什国王与圣伊莎贝尔王后

奥迪韦拉什修道院安葬着一位葡萄牙历史上最重要的国王：迪尼什。

这座修道院的建立有一段传说。据说是因为还愿。迪尼什在出猎时遭到一头熊的攻击，他向主保圣人圣迪尼什和圣路易斯祈祷，如能救他脱难，他发誓将在此地建起一座修道院。奇迹发生了。国王深信自己有神力相护，从腰间拔出短剑，冲向这头猛兽，将利刃刺进熊的心脏。如果我们不去深究其诡异之处，比如说在里斯本附近怎么会有野熊出没，那么以下事实是确信无疑的：这座修道院确实被建了起来，后在1755年里斯本大地震中坍塌，但安放于这座早期哥特式教堂中的迪尼什坟墓却幸免于难。

奥迪韦拉什修道院后经重建留存至今，一尊国王妻子的雕像守护着它。这位王后，即阿拉贡的伊莎贝尔王后，同样是葡萄牙历史上一位极为特别的人物。

然而,这位"圣女王后"的遗体却没有安息在那里。那个时代,在欧洲,确实有许多国王和王后没有合葬一处。但考虑到迪尼什兴建奥迪韦拉什修道院就是为了充当王室墓园,那么为什么王后宁愿远离丈夫,归葬科英布拉,长眠在她亲自下令修建的圣克拉拉修道院呢?

迪尼什是葡萄牙的第六位国王。就葡萄牙历史而言,他在勃艮第王朝中的重要性恐怕仅次于阿方索·恩里克斯。

葡萄牙之所以能在今天成为世界上最古老的民族国家,很大程度上归功于迪尼什在位的四十六年里做出的种种决定。1297年,针对摩尔人的"收复失地"运动结束后,他与卡斯蒂利亚和莱昂签下了《阿尔卡尼伊塞斯条约》,划定了葡萄牙的边境。这条边境一直保持到今天,改变甚小。迪尼什将葡萄牙语确立为宫廷语言,他是最早的葡萄牙语诗人,写下了超过一百四十首抒情诗和讽刺诗,因此,很多研究者甚至认为,迪尼什是第一位识文断字的葡萄牙国王。迪尼什还建立了"总学",即葡萄牙王国的第一所大学,最初设在里斯本,1308年迁往科英布拉。国王把纸张引入葡萄牙,替代了羊皮纸,并重新整编了陆军和海军舰队。趁"圣殿骑士团"被判为异端而遭消灭之际,他将骑士团从外国影响中解放出来,缴获了"圣殿骑士团"的财产,建立起"基督骑士团"。

沿着前人的道路,迪尼什继续将权力集中于国王之手,在与贵族和教会角力的过程中屡战屡胜。尽管和父辈们相比，迪尼什的抗争更激烈，但他非但没受绝罚，还结束了自阿方索二世以来葡萄牙与教廷之间的"冷战"。1289 年，教皇尼古拉四世颁布圣谕，葡萄牙王室和教廷正式和解。

大权在握之后，国王开始推动国内经济发展。他下令勘探铜矿、银矿、锡矿和铁矿，大力发展商品出口，和英格兰签订了第一份贸易协定。他把大量土地分给农民进行开垦，因而获得了"耕种者"的绰号。他大力发展雷利亚大松林，不仅保护了周围的耕地，而且满足了葡萄牙发展造船业所需的木材供给，这在葡萄牙已经显露出扩张倾向之时具有重要意义。

人们本以为一位留下如此丰功伟绩的丈夫会令王后黯然失色。然而，迪尼什与圣伊莎贝尔王后这对夫妇的情况恰恰相反。阿拉贡的伊莎贝尔和她的丈夫一样出名，也许是葡萄牙历史上最受怀念和爱戴的王后。

凭借学识、教养和外交手腕，伊莎贝尔为丈夫的杰出统治做出了重要贡献。她和迪尼什组成的王室正处于葡萄牙从中世纪晚期向文艺复兴过渡的时期。他们资助艺术、文化和教育，确保葡萄牙在当时欧洲动荡的政治局势中保持稳定。

然而，真正让伊莎贝尔深受爱戴的是她品格中的仁慈，是她倾尽全力帮助穷人、孤儿和病人，是她建立的一座座医院和收容所，还有那个把面包变成玫瑰的传说。于是，伊莎贝尔离世时，爱戴她的人民立刻将她奉为圣女,这比教皇乌尔巴诺八世正式为她封圣早了整整三百年。

这样,我们便拥有了一位奠定了葡萄牙民族认同的国王和一位圣人王后。他和她一起生下了一儿一女。儿子继承了葡萄牙的王位,女儿成了卡斯蒂利亚的王后。真是完美的王室,对吗?你错了。事实上,他们也许是葡萄牙历史上最痛苦的一家。

1280年,伊莎贝尔年仅十岁,却已经是全欧洲最受瞩目的公主。从血统上看,她的身上延续着数条王室甚至皇室的血脉。她是阿拉贡国王佩德罗三世和西西里公主康斯坦斯-霍亨斯陶芬的长女,也是未来的阿拉贡国王阿方索三世和海梅二世的姐姐。她的祖父是阿拉贡的海梅一世,祖母是匈牙利公主维奥兰特。她母亲所在的霍亨斯陶芬家族里更是有腓特烈二世这样的人物,这位神圣罗马帝国皇帝毕生都在与教廷斗争,遭到教皇格里高利九世的绝罚,被宣布为叛教者。如果再向前追溯,就能发现伊莎贝尔公主和迪尼什有着一些模糊的血缘关系,他们有共同的曾祖父:"红胡子"腓特烈一世。

伊莎贝尔不仅出身于伟大领主辈出的世俗权力家门,而且承袭了掌握精神之力的女性的非凡血脉。其家族中至少出过四位"圣女",包括圣海德薇、波希米亚的圣伊内丝、圣玛格丽达和匈牙利的圣伊莎贝尔。迎娶这位公主,便意味着进入包括教廷在内的整个西方世界中最有权势的家族。

3 婚姻故事

　　错综复杂的血缘关系并不能确保伊莎贝尔最终封圣或者成为王后，但至少可以确保她接受成为这两者所需的教育。她先是被托付给祖父教导。海梅一世认为她的降生为是非不断的宫廷带来了宁静，因此称她为"阿拉贡的玫瑰"。祖父去世后，公主的父母接过了养育的责任。伊莎贝尔以家族那些博学多才、虔诚笃定的女性及完美王后为典范，在方济各会的女修会——贫穷修女会——的教育下长大。

　　伊莎贝尔受到英格兰、法国、那不勒斯和西西里等国王子的竞相追求，最终嫁给了葡萄牙国王迪尼什。为了促成婚事，两国经历了长达一年多的谈判，葡萄牙派出若干使节前往阿拉贡，以阻止"外人"染指这桩婚事。

　　对葡萄牙而言，国王迎娶阿拉贡公主意味着在与教会和贵族的斗争中获得了一个强有力的盟友。而对阿拉贡国王佩德罗而言，这意味着他的女儿能立刻成为王后——迪尼什是众多求婚者中唯一已经坐上王位的。尤为重要的是，迪尼什是王国创始人的嫡系血脉。而且，这位盟友对于伊比利亚半岛的政治平衡举足轻重，足以合围卡斯蒂利亚，并抵抗法国吞并西西里和那不勒斯的野心。这是在中世纪晚期，一场王室婚姻并非一个男人和一个女人的结合，而是政治谋略的重要组成。

　　婚礼定于1281年2月11日在巴塞罗那举行。在现场听伊莎贝尔说"我愿意"的不是葡萄牙国王，而是诸位使节。"我，伊莎贝尔，承蒙上帝恩宠,作为阿拉贡国王、高贵的佩德罗陛下的女儿,把我自己交给葡萄牙和阿尔加夫国王迪尼什陛下,成为他的合法妻子。陛下虽不在现场,但如他亲临。"这一年公主十一岁,国王二十岁,但要到一年四个月后,他们才初次见面。由于卡斯蒂利亚处于战争状态,公主的送亲队不得不小心翼翼地从伊比利亚半岛的一端前往遥远的另一端。公主的父亲亲自护送女儿到阿拉贡边境,表哥海梅王子在此接替国王护送公主,随行的还有仆役、神职人员、侍女,以及一个个装满嫁妆的大箱子。送亲队穿过贝拉边界进入葡萄牙,小叔子阿方索在此地迎接公主。1282 年 7 月,夫妻二人方在特兰科苏见面。篝火点燃了,婚宴摆好了,庆典结束了,一个现实摆在了众人面前:迪尼什不爱伊莎贝尔。

在迪尼什和伊莎贝尔王后大婚时,他的第一个私生子——巴尔塞洛的唐·佩德罗——可能已经出生了。而第二个私生子,阿方索·桑切斯,也就是未来的阿尔布开克爵士,也比国王和王后的第一个嫡子更早出生。第三个私生子若昂·阿方索在 1288 年左右出生,和伊莎贝尔王后的长女康斯坦斯差不多大。迪尼什总共有至少八个私生子,他们几乎都出生于 13 世纪末,而且几乎都是由不同的女人所生。

我们都知道,在那个时代,国王没有私生子才是咄咄怪事。私生子实属正常,一旦王后不孕,仍可确保王位后继有人。而且,国王的情人大多出身贵族家庭，也可确保王室和贵族之间的血缘联系。但迪尼什做得太过分了，他的情人数量太多了（很多人并非贵族妇女），子女数量太多了，而且毫不关心为其生儿育女的结发妻子。最过分的是，他把很多私生子交给了妻子，要求她视若己出地管教。

国王和伊莎贝尔只生了两个孩子：康斯坦斯公主出生于王后二十岁时，考虑到这时两人结婚已有八年之久，这个孩子来得已经很晚了。第二年，王后生下了儿子阿方索。公主后来被许配给卡斯蒂利亚未来的王位继承人，而阿方索成为葡萄牙王位的合法继承人。一旦形式上满足了要求，迪尼什就再也没有关心过这个问题。

在一年中的大多数时间里，国王和王后都不住在一起。国王血气方刚、欲望强烈，而王后重视精神，虔诚无比，从小就被按照王后和圣女的标准培养。从爱情的角度看，两人或许从未感到彼此吸引。

> 哦，花儿。哦，绿松上的花朵。
> 如果你有我情郎的消息，
> 哦，上帝啊，请你告诉我。
> 哦，花儿。哦，绿松上的花朵。
> 如果你有我爱人的消息，

哦，上帝啊，请你告诉我。[1]

民间流传的国王形象是一个既能战场杀敌，又会调风弄月之人，很难区分虚构和真相。因此，人们自然会认为迪尼什创作的抒情诗是从他的风流韵事中有感而发的。

王后的形象和国王恰恰相反，她茕茕孑立，远离肉欲，全身心地教导自己以及其他女人的子女，这样，她赢得了完美的形象，无论是作为女人、妻子还是母亲。王后踏上苦修之路，一步一步走向了封圣。

伊莎贝尔以家族历史上的圣女为榜样，但她也许比先人们做得更多。凭借手中的财产和权力，她致力于扶贫救困，完成了史诗般的壮举。王后孤身一人在男人的世界里奋斗，善用她的资产和影响力经营慈善事业。她在圣塔伦建立了弃婴医院，在雷利亚建立了一座医院和一座麻风病院，在科英布拉为穷人们建立了一座临终关怀医院、一座老年残疾人医院和一座收留穷苦人的庇护所。埃什特雷莫什、阿伦克尔和奥迪韦拉什都有王后修建的收容所，在奥比杜什还有另一家麻风病院。然而，所有这些工程中，最有象征意义的还得数面朝科英布拉城的圣克拉拉修道院。结婚四年后，王后派人建起了这座修道院。

---

[1] 这是迪尼什创作的抒情诗。这首诗以女性口吻写成，属于"情人歌"。

3 婚姻故事

这些都是事实,但事实周围笼罩着许许多多的传说。有人说王后亲自参与了工程建设,给出建筑学和机械学的指导。有人说王后精通医学和护理学,能够自己配药。王后去世后,圣克拉拉修道院的修女们用白羽鸡的鸡毛熬成汤药治疗哺乳期奶水不足的女性,据说这种汤药就是王后发明的。有人说王后变卖自己的珠宝首饰,购买国外的粮食赈济饥民。有人说王后亲手治疗伤员和麻风病人,只需轻吻一下就能使伤口愈合。有人说王后瞒着国王偷偷去赈济穷人,比如那个著名的传说——玫瑰奇迹。里斯本的马科斯修士在他的《天主教方济各会记事》中用几行字描述了这个故事:

> 圣后曾把钱币藏在衣服里送给穷人。国王遇上她,问她身上带了什么。王后说:"我带着几朵玫瑰。"那根本不是玫瑰开花的季节,可国王看到的竟然真的是玫瑰。

奇怪的是,这段传说在王后去世近一个世纪后才流传开来。而且,它和王后的同名姨婆匈牙利公主圣伊莎贝尔的传说非常接近。

不过,在这位圣女王后身上还有另一类传说,不那么神奇,但更加诙谐,和国王夫妇的恩怨情仇相关,贡献了葡萄牙的一些地名。

迪尼什在奥迪韦拉什狩猎时遇熊并为圣人拯救,但根据一个流传甚广的民间说法,他对奥迪韦拉什的兴趣其实并非因为狩猎,而是因为这里是他与情人幽会之所。据说,某次,王后终于耗尽了耐心,无法忍受丈夫一再离弃,下定决心要找到国王。王后来到里斯本外围的那个地方,找到了国王,两人开始了激烈的争吵。国王不愿回宫,执意要把事办完。伊莎贝尔冲国王喊道:"哦,快去见她们吧,陛下!"以讹传讹,于是这里得名"奥迪韦拉什"[1]。

出于同样的理由,卢米亚尔区[2],在地图上位置稍微靠下一点,其由来也有说道。同样的情形,同样的态度:国王人影全无,伊莎贝尔前去寻找,这一次有一些侍从陪着她,打着火把照明。看到妻子,国王问她如此深夜为何前来。王后回答说她担心国王被爱情迷瞎了眼,特地来为他"照亮"[3]道路。

也有人说,西古丁的名字也是这样来的,不过不是来自王后的话,而是国王恬不知耻的回复:"可不,我都快瞎了。"[4]然而,恐怕不会有一个语言学家站出来支持这些传说的真实性,它们不过是都市传说罢了。

最后一个地名起源的猜想是关于帕塔亚什的,不过这个名字与迪尼什无关。一次王后乘车出行时,马车的车轮突然卡住了。王后从车上下来,决定沿路继续向前步行,她对侍女们下令说:"侍女

---

[1] 葡萄牙语中"哦,快去见她们吧"(Oh!Ide vê-las, senhor!)音似"奥迪韦拉什"(Odivelas)。

[2] Lumiar,目前为里斯本的一个区。

[3] 葡萄牙语中"照亮"(Luminar)和"卢米亚尔"(Lumiar)很接近。

[4] 葡萄牙语中"我快瞎了"(Cego vim)音似"西古丁"(Cegodim)。

们,下脚!"[1] 不过这种语言风格显然不属于王后那般高雅的女子,况且她还能说善写,掌握葡萄牙语、加泰罗尼亚语、卡斯蒂利亚语和拉丁语。

国王与王后夫妻关系中的不幸似乎殃及了他们的子女。康斯坦斯公主在二十三岁时就去世了,她和卡斯蒂利亚的费尔南多四世的婚姻也不太幸福。伊莎贝尔在所有这些故事里都是关键人物,据说她终生和死去的女儿保持着联系。而儿子阿方索的事是她最棘手的任务。

中世纪末期,面对国王的集权,封建领主们绝不会坐以待毙。他们想出了一个绝妙的主意:扶持国王的继承人来反对国王。

1319年起,阿方索王子和年近六旬的父亲在战场上兵戎相见。在此之前,迪尼什已经出于同样的原因和自己的弟弟打了一仗。国王三战三胜,最终迫使弟弟投降,流亡卡斯蒂利亚。

作为迪尼什的儿子,阿方索的这场战争则更加艰难和忤逆。他离开王宫,向王后求援,请她支持自己成为王室总管。这个职位手握王国的管理大权,如果阿方索坐上这个位子,就能遏制国王的集权政策。他产生如此野心还有一个原因,那就是兄弟间的忌妒,当时担任王室总管的阿方索·桑切斯是国王的私生子,也就是他同父

---

[1] 葡萄牙语中"侍女们,下脚"(À Pata, aias)音似"帕塔亚什"(Patatias)。

异母的兄弟。

伊莎贝尔意识到丈夫和儿子间即将爆发一场战争，她尝试劝说阿方索放弃战争企图，迪尼什却认为她在包庇儿子，把她发配到了阿伦卡尔。这段故事启发亨德尔写成了歌剧《葡萄牙国王迪尼什》。

母亲不在身边，父子间的紧张局势继续升级。迪尼什把阿方索包围在科英布拉，准备用强大的军队迫使他投降。然而，伊莎贝尔完美地展现了她的人格魅力，她直接违抗了丈夫的成命，离开阿伦卡尔去劝阻儿子。一旦开战，对于阿方索，最好的结局不过是从屈辱的战败中留一条命。

但是，父子二人一样冲动，至少在这一点上他俩挺像。到了第二年，战争已经一触即发。在阿尔瓦拉德的洛里什原野，一再拖延的悲剧最终还是上演了。迪尼什和阿方索的军队开始冲锋。在最后关头，伊莎贝尔骑着一头母骡出现在对垒的两军阵前，迫使双方按兵不动。

王后赌上了自己的性命，那天之后，国王和王子间的矛盾逐渐缓和下来，双方最终签署了一份和平协议。伊莎贝尔则在臣民心中建立起了一个世代流传的形象：和平王后。

迪尼什命不久矣。1325 年，在和儿子停战一年后，国王撒手西去。在他弥留之际，伊莎贝尔一直陪伴身旁。至少在订立遗嘱时，国王终于学会了敬重这位无私而虔诚的王后：

3 婚姻故事

> ……我希望让她担任我遗嘱的主要执行人,因为我的耳朵和我的灵魂都听到一个声音说,她能堪此任……

按照国王的遗愿,他死后就葬在"哦,快去见她们吧"修道院。阿方索继承了王位,成为阿方索四世。伊莎贝尔则穿上了贫穷修女会的僧袍,在接下来的十一年里都生活在圣克拉拉修道院中。在修道院旁,她派人修建了一座行宫,她出入其中,继续打理财产,行更多的善事。

王后去世于1336年,当时她正又一次以儿子的名义与人议和。这一次的对手卡斯蒂利亚国王阿方索十一世是她的外孙,也是阿方索四世的女婿。阿方索十一世提出休弃自己的妻子,将情人莱昂诺尔·德·古斯芒立为正妻,好斗的葡萄牙国王立刻向他宣战。伊莎贝尔王后再度前往边境,希望能够调停冲突,促成和平对话。可是六十六岁高龄的她最终没能承受住七月酷暑与舟车劳顿,在埃什特雷莫什去世。

王后死前留下遗言,希望葬在圣克拉拉修道院。为了完成母亲的遗愿,国王命人把香水、药草和香膏等各种防腐物质涂在王后的遗体上,以免遗体在长途运送的过程中腐坏。七天,酷暑中运送了七天后,科英布拉的人民惊异地发现,王后的遗体竟然从棺椁中散发出迷人的香气,他们认定这是一个奇迹。对于这位长久以来获得尊敬和爱戴的天后,这个故事成了她最好的墓志铭。

伊莎贝尔死后，关于她的传说层出不穷，使她具有了超自然的魔力。

不过，如果我们愿意脱离虚无缥缈的信仰传说，可以看到一个毋庸置疑的伊莎贝尔浮现出来——她是整个伊比利亚半岛历史上最有影响力的王后。

正如我们之前讲过的，王后从幼年就接受了统治国家的专业训练，血脉将她和王室与教廷连在一起，她的学识和智慧有目共睹，在国王和贵族杀伐不休的伊比利亚半岛上，伊莎贝尔首先是一位真正的外交官和公理维护者。

伊莎贝尔的一生从未停止与各国国王和教皇保持紧密的联系，在十六个不同的地点都发现了她的亲笔信件。通过这种方式，王后对葡萄牙、卡斯蒂利亚和阿拉贡的政治情况了如指掌，她通过推动王室间的联姻确保和平，守护了子孙后代的利益，索回债务，经营财产。

迪尼什对妻子的外交才能并非一无所知，因此这段婚姻也不算一无是处。一遇到政治危机，夫妻便会同心，王后是国王最重要的参谋，因此，葡萄牙一度享有罕见而不同寻常的地位：伊比利亚全境协约和冲突的裁决者。

为了维护迪尼什的利益，伊莎贝尔调停了父子间的战争。在此之前，她还调停过国王和他兄弟间的战争。她把属于自己的阿马马尔、欧伦和辛特拉的土地交给国王的弟弟，换取他投降并流亡到卡斯蒂利亚。伊莎贝尔还出身于一个圣人辈出的家门，在她的努力下，教皇才会理睬一个祖父、父亲和伯父都遭到绝罚的国王，并在六十年的对抗后，令葡萄牙同教廷达成了和解。

也正因为此，尽管国王和王后间没有真爱，尽管存在种种飞短流长，尽管一个埋葬在奥迪韦拉什另一个长眠于科英布拉，但迪尼什至少还是为他的发妻阿拉贡的伊莎贝尔写过一首诗：

> 是上帝造就了你，夫人，
> 让你精益求精、好上加好，
> 让你的知识如此渊博，
> 我真心地向你说：
> 主啊！请帮帮我！
> 你好得堪任国王！
>
> 你知道如何更好理解，
> 你知道如何从容选择，
> 我真想告诉你实话，
> 我侍奉并将永远侍奉的夫人。
> 主希望你这样做：
> 你好得堪任国王！

4

圣！若！热！
阿方索四世

你能感觉到吗？战斗一触即发。听！骑兵列队的马蹄声，宝剑出鞘的叮当声，头盔合拢的金属声，成百上千名士兵紧张的呼吸声。看！军旗迎着风舒舒卷卷。阵前的国王是"勇敢者"阿方索四世，他正在等待着冲锋的时机。等啊，等啊……他轻轻地转动脸庞，竖起耳朵，睁大眼睛，咬紧牙关，在胸前最后画了一次十字。敌军就在他面前，是卡斯蒂利亚人。他等待那一刻，敌人也在等待那一刻。他冲锋，敌人也会冲锋……就是现在！阿方索就要喊了。他将从内心深处释放葡萄牙人每战必喊的那句著名口号。他会深吸一口气，然后大喊一声："圣雅各！"阿方索握紧了缰绳，嘴已经张开了，士兵们甚至已经听到了，可是突然之间，他什么也没喊出来，或者可能只发出了微弱的一声"嘶"。他停住了，愣住了，面无血色。士兵们透过头盔上的缝隙面面相觑，然后都望向国王。这位"勇敢者"为何突然大惊失色、六神无主?也许有人问他:"陛下,怎么了?"而国王缓缓地、一点一点地回过头,用人们听不见的声音喃喃自语。士兵们又一次面面相觑。国王咽了下唾沫,深吸一口气,终于松开了缰绳,垂头丧气地说:"敌人……敌人的冲锋口号跟我们一样啊!"

对阿方索四世来说,这个发现有些残酷,却谈不上有多奇怪。在之前的几个世纪里,伊比利亚半岛上的基督教社群刚刚开始形成时,两个毗邻的敌对聚落信奉同一个主保圣人的现象非常普遍。时势艰难,物资短缺,人类懵懂无知,充满恐惧。人们的生活以教堂为中心,限制在村落的范围内,身边都是熟悉的面孔,任何外来的事物都被视作厄运、攻击、入侵和腐蚀。村落选择的主保圣人会保护他们免遭厄运,防范疾病、分歧、天灾以及邻近的其他村落。可是,如果一个村子的居民听说了某个圣人的事迹后心生崇敬,决意奉他为主保圣人,那么这位圣人的事迹很有可能也会传到两公里外的另一个地方,引发当地人的崇拜。由于两地的居民没有来往,他们对此一无所知。

于是,这位圣人不管身在何方,都可能收到令他左右为难的祈祷。高地村请求他保佑自己战胜低地村,低地村又请求他保佑成功屠戮高地村。正如我们所说,时世可真是艰难。

好吧,这都是些罗马帝国末期与中世纪早期的陈年旧事了。不久后,信息开始通畅,圣人逐渐变多,一个地方信奉的主保圣人甚至不止一个。

今天葡萄牙有多少主保圣人?

非常多。实际上,不是所有的主保者都是圣人。葡萄牙天使就不是圣人。这位守护天使守护着全国。16世纪初,曼努埃尔一世请求教皇利奥十世认证这个信仰。教廷同意了,真是值得举国同庆。别的王国可能有很多宝贝:黄金、钻石、象牙……可我们有一位天使。葡萄牙人向天使祈祷了很久很久,教皇的回应只代表官方认证。和畏惧侵略的中世纪村落相比,我们那时给天使敬献的祈祷词其实并无多大差异:"来吧,葡萄牙的天使,把你的祖国和葡萄牙人民从厄运中解救出来!"这有一点排外,不够包容。到了20世纪,法蒂玛的三个牧童表示,在圣母玛利亚身前看到了天使[1]。今天,肯定还会有人继续向他祈祷。

好吧,另一位葡萄牙的主保圣人是由曼努埃尔一世的女儿伊莎贝尔公主造就的。身为若昂三世与红衣主教恩里克两位国王之姊,据说伊莎贝尔拥有无可比拟的美色。她嫁给了西班牙国王卡洛斯一世,亦即后来权倾一时的神圣罗马帝国皇帝卡洛斯五世,身兼德国、意大利、法国和佛兰德等数地的领主。神圣罗马帝国皇后伊莎贝尔的婚姻是公认的无比幸福,然而结缡十四年后,她却因难产离世。甘迪亚公爵受命将皇后遗体送往长眠之地。公爵一直暗恋着皇

---

[1] 1917年,三个牧童称其在葡萄牙法蒂玛连续六个月于当月的13日目睹玛利亚显现,这一事件的真实性被天主教会认可。

4 圣!若!热!

后,棺材里的死人却把他吓得不轻,不久前那张脸还美得动人心魄,现在却迅速地腐坏了。公爵感慨于生命的短促,当场发誓不再侍奉任何一个凡夫俗子,只愿一心一意侍奉永恒而全能的上帝。这位公爵名叫弗朗西斯科·波吉亚,是无恶不作的教皇亚历山大六世的曾孙,也就是说,他出身于一个声名狼藉的家族。不久以后,公爵死了老婆,最后的障碍去除了,他可以入教了。他抛弃所有的封号,加入了耶稣会,过上了布道者的生活。1565 年,他被选为耶稣会的总会长,1572 年逝世,1671 年封圣。

那之前不久,还是 17 世纪,有位国王给了我们另一个主保圣人。准确地说,是一位主保圣母。对,就是圣母玛利亚本人。若昂四世和他的王后路易莎·德·古斯芒在维索萨镇为圣母像加冕,从此,葡萄牙有了一位天使、一个教皇后裔和弥赛亚的母亲玛利亚的庇护,还能有什么可抱怨的呢?

然而,为了确保万无一失,我们又招募了一个主保圣人:圣安东尼奥。这是一位葡萄牙人,出生在里斯本主教堂附近。他本想在非洲以身殉道,却最终作为智者和传教者死在帕多瓦[1]。民众信奉的这位圣人是个小胖子,很喜兴,在一切场合都很友善,喜欢为人说媒。实际上,圣安东尼奥是一位严谨的宗教人士,死后被认定为三十三圣师之一。与他同列者全部为对基督教发展做出重大贡献

---

[1] 帕多瓦为意大利城市。圣安东尼奥出生于里斯本,长期生活在帕多瓦,最终在这里逝世。因此,圣安东尼奥被称为"里斯本的圣安东尼奥"或者"帕多瓦的圣安东尼奥"。

里斯本市市徽

的学者，比如圣奥古斯丁、圣托马斯·阿奎那和阿维拉的大德兰等人。

圣安东尼奥就这样成了葡萄牙的主保圣人。不过，很多人认为，里斯本市的守护圣人实际上应该是圣维森特。公元304年，在罗马帝国皇帝戴克里先大肆屠杀基督徒时，圣维森特在瓦伦西亚殉难。后来，阿方索·恩里克斯命人把他的遗骨从圣维森特角运到里斯本。传说有两只乌鸦一路护送着灵柩，我们至今还能在里斯本的市徽上看到它们。表面上看，圣人之间似乎都能和睦相处、各司其职，比如圣维森特占了主保圣人的身份，就不介圣安东尼奥有全市欢庆的圣人日。而当之后需要面对里斯本最著名的象征是圣若热城堡这个事实时，他俩也完全不会介意。

说到圣若热，你肯定看过以他的传说为背景创作的美术作品。他骑着骏马，与恶龙对峙，白底的旗帜上画着一个红色的十字，想想看，你在哪里看到过他？

当代葡萄牙人往往把阿方索四世看作恶人。造成这种印象的原因是，每次在课堂上提起他，就只说那一件事：他是佩德罗一世的父亲,就是那个派人杀死伊内丝的狠心国王。不过,等到之后解释背景时,国王的罪孽会稍微减轻一点儿,他其实担心的是一旦佩德罗和伊内丝成婚,伊内丝那几个野心勃勃的兄长会权势熏天。不过,这样的辩白还是有些苍白。绰号"勇敢者"的阿方索四世毕竟是为谗言所惑,背上了谋杀的罪名。

我们要讲一下阿方索四世这个人。在和儿子结仇以前,他的一生都很顺遂。他是迪尼什国王和伊莎贝尔王后的独子,葡萄牙的第七位君主。他四岁就认识了未来的妻子比阿特丽丝,两人青梅竹马,一起长大。1309年,阿方索四世迎娶了这位卡斯蒂利亚公主。在勃艮第王朝所有生有子嗣的国王中,阿方索四世是唯一没有私生子的,考虑到他的老子、儿子和孙子都是葡萄牙王室中最爱拈花惹草的人,这件事就更有意思了。

阿方索四世的确与众不同。他雷厉风行,固执专权而又冲动好斗,很难被人操控或者轻易动摇,也没人能指摘他背弃自己的原则。他颁布严峻的法律,惩罚通奸的男女,甚至立法限制妓女每年购买新衣服的数量,禁止她们使用金银首饰。

然而,阿方索四世在位的三十二年中,头等大事并不是立法,而是战争。早在登上王位以前,阿方索四世就作为教士与贵族利益的代表,同自己的父亲迪尼什打了一仗。之后他又讨伐了自己同父异母的兄弟阿方索·桑切斯,然后与卡斯蒂利亚开战。两国之间一向有血缘羁绊,比如阿方索十一世本是阿方索四世的女婿,却不得不与怒发冲冠的老丈人兵戎相见，因为阿方索四世得知女儿玛利亚遭到女婿虐待。可到了 1340 年，两国又在萨拉多战役中携手打败了摩洛哥国王。

所以，阿方索四世特别需要一个主保圣人。得有人护着，否则就不能拿生命冒险。

有趣的是，实际上，他选的主保圣人不是别人，正是他的母亲伊莎贝尔王后。伊莎贝尔劝他放弃了许多次战争，说服他父亲宽恕了他。为了阻止一出父子相残的悲剧，王后甚至亲临战场，阻挡在两军阵前，更何况她离世时都还奔波在为儿子求和的路途中。当时她已年逾六旬，顶着夏日的酷暑赶往埃什特雷莫什。伊莎贝尔的种种事迹让教廷在 1625 年为她封圣，而科英布拉也选择她作为城市的主保圣人。

然而，往往是当局者迷。15 世纪的某一天，阿方索四世置身战场，当他听见敌军呼喊着圣雅各的口号时，母亲的面容并没有浮现在他的眼前。

圣雅各，或者叫圣长雅各伯宗徒，很早以前就成了葡萄牙的主保圣人，比圣安东尼奥、弗朗西斯科·波吉亚、圣母玛利亚和葡萄牙天使都要久远。主保圣人问题可不是无伤大雅之事，因为圣人的名字不仅是一种饱含信仰力量的冲锋口号，还带来了一个很实际的问题。士兵的铠甲和旗帜上常常有本方主保圣人的徽记，如果交战双方的主保圣人一样,那很可能在战场遇到敌我难分的尴尬。

就在那可怕的一瞬间,在国王踌躇不前的时候,卡斯蒂利亚人已经杀入战场。刹那间,恐怕阿方索四世的脑海中闪过了千百张面孔、千百个地方、千百句话语和千百个故事。敌人就要重兵压上,而我们却来不及喊出一声祈祷,在这之前,我们必须抛下圣雅各,紧急寻找另一位主保圣人。

圣雅各是西庇太之子,生于加利利。他是耶稣十二门徒之一,大约于公元44年在犹地亚遭到杀害,成了首个殉道的耶稣门徒。在十二门徒中,只有圣雅各之死在《圣经》中有确切的记载。尽管如此,还有很多人认为,从耶稣殉难时起,到自己殉难时终,圣雅各穿越了整个欧洲,在伊比利亚半岛传播福音。他到过很多今天属于西班牙的地区,也来过葡萄牙的米尼奥。这种观点认为,圣雅各的传教很不顺利,因此回到了犹地亚,在那里遭到杀害。然而,他的遗体被送回了加利西亚,埋葬在孔波斯特拉。这件事永远改变了伊比利亚的版图,并在宗教旅游方面引发了深远的后果。

据说,在收复失地运动中,圣雅各曾经数次在士兵面前显灵,因而赢得了"摩尔人克星"这个绰号。圣雅各骑士团更不必说,曾经帮助多位国王打败摩尔人。

因此,西班牙和葡萄牙的军队同时呼喊圣雅各并不奇怪。可是现在双方已经正面交锋了,由此产生了一个问题,用今天的话说就是"利益冲突"。

阿方索思索着，汗水从他脸上滑过，一身铠甲突然沉重得难以承受。国王灵光一现，想起了圣若热，那位手执长枪与恶龙对决的骑士。

传说圣若热是罗马帝国卡帕多西亚的一位军官。公元4世纪，他送出家中财产，公然违抗罗马皇帝戴克里先迫害基督徒的命令（上文提到过，圣维森特就是其迫害的牺牲品）。圣若热因此获罪，受尽拷打折磨后仍然拒绝崇拜罗马诸神，最终惨遭斩首。圣若热的军旅生涯与无畏精神令万千罗马军人尊奉他，驻扎在最偏远地区的军队都不例外。

是的，就用圣若热。圣若热这个主意不错。里斯本的城堡以他的名字命名，另一位著名的殉道者马丁·莫尼斯也是在他感召下牺牲的。在阿方索·恩里克斯攻打摩尔人的城堡时，这位骑士用血肉之躯卡住了城堡大门，阻止摩尔人关闭大门，让葡萄牙士兵能够攻入城中。

是的，就用圣若热，为什么不呢？就在阿方索四世这样想着的时候，敌军逼近的马蹄声、兵刃碰撞的铿锵声和冲锋的呐喊声都越来越近了，葡萄牙士兵紧张的面孔上汗如雨下。圣若热很是炙手可热。他已是英格兰和格鲁吉亚的主保圣人了，但在负责战场方面却素无经验，咱们得好好合计一下。圣雅各是什么人的主保圣人？朝圣者、旅行者吗？香水匠、制帽工吗？上帝啊！卡斯蒂利亚人越来越近了。对了！圣若热是骑士和士兵的守护神，圣雅各根本不是他的对手。

4 圣！若！热！

终于，阿方索四世的眼光落在他的士兵们身上。士兵们看到国王目光炯炯，长出了一口气。他握紧缰绳，骑着马转过身来。他深吸了一口气，高声喊出了那个名字："圣！若！热！"

我们大获全胜。

没有哪位主保圣人如圣若热一般佑护着葡萄牙取得过如此多的胜利。

在阿方索四世创造了这句新的冲锋口号几十年后，他的孙子若昂一世正式宣布圣若热为葡萄牙的主保圣人。在里斯本被围攻之时，时任阿维斯骑士团团长的若昂一世被拥立为新的葡萄牙国王，里斯本的城墙上第一次升起了白底血色十字的圣若热之旗，市徽与国徽绘在一旁，也许是因为受到了英国的影响[1]，当时英国军队正在帮助葡萄牙抗击卡斯蒂利亚。

从此，圣若热的旗帜在葡萄牙最光辉的军事胜利中留下了不可磨灭的印记，比如阿尔茹巴罗塔战役、艾西拉战役，霍尔木兹战役……无论以少敌多，还是深入敌境，他都为葡萄牙带来了不可能的胜利。努诺·阿尔瓦雷斯·佩雷拉在圣若热的启发下设计了自己的旗帜：同样的十字图案，旁边分别画着圣若热、圣雅各、十字架上的耶稣和圣母玛利亚。

---

[1] 当时英格兰王国的旗帜为白底红十字的圣乔治十字旗。

此外，努诺·阿尔瓦雷斯·佩雷拉还在阿尔茹巴罗塔战场为圣若热修建了一座礼拜堂，以纪念葡萄牙战胜卡斯蒂利亚。一百年后，若昂二世又用他的名字命名了葡萄牙在西非最重要的基地：米纳圣若热城堡（今天一般称作埃尔米纳城堡）。在葡萄牙向世界扩张的时代，每一起大事件，士兵们总是随身携带圣若热十字，这是阿方索五世在《战争章程》第五十三条中的明确规定：

> 任何一位将士，无论身处何方，无论情况如何，只要属于我们的部队，都应该佩戴印有圣若热徽记的标志物，标志物应尽可能显眼，且身体前后两面都应佩戴。

如果不佩戴圣若热徽记，就会有被友军误伤甚至误杀的风险，对方还不用受任何处罚。圣若热的旗帜就这样成了葡萄牙的国旗。

曼努埃尔一世（就是那位将天使擢升为葡萄牙守护圣人的国王）统治时期，圣若热的旗帜逐渐式微，基督骑士团的旗帜取代它成为葡萄牙国旗。

有趣的是，五百多年后，在一个非常特殊的场合下，圣若热的徽记重新成为了葡萄牙的国家象征。那是在 2012 年的欧洲杯足球赛上，葡萄牙国家队的客场球衣上就印着圣若热十字图案，它保佑葡萄牙队坚持到了半决赛的最后一秒。

5

三个莱昂诺尔，三场战争
费尔南多一世

  费尔南多一世是葡萄牙王室中的另类。他自幼丧母，由侍女一手带大。与此同时，他的父亲佩德罗一世正沉浸在葡萄牙民族想象里最著名的一段爱恋之中。费尔南多的母亲康斯坦斯为了生他而死，甚至来不及给他喂一口奶。不久，年幼的王子又早早失去了哥哥唐·路易斯王子。他经历了这一切，只有祖父母——葡萄牙国王阿方索四世和王后比阿特丽丝——保护着他。在父亲佩德罗一世和他的情人伊内丝的传奇爱情故事面前，他只是一个毫不起眼的注脚。我们无从知晓作为旁观者的费尔南多的心情，他的父亲不爱他的母亲，而是爱上了她的侍女。成为鳏夫后，佩德罗和伊内丝保持着情人关系，给费尔南多添了几个异母兄弟。然而，这场感情让未来的国王费尔南多一世在童年就见证了家族的疯狂基因：先是祖父派人杀了父亲的情人，父亲大受刺激，即位后大肆屠杀当年的凶手，然后，把伊内丝从坟墓里挖出，为她的尸首加冕，并下令群臣亲吻这位僵尸王后的手。

这就浪漫得有点过分了。不过，和传说中相比，佩德罗一世的形象并没有那么戏剧化，他是位相当公正理智的国王。虽然很多人称他为"暴君"，却也有人给了他"公正者"的绰号。佩德罗一世平衡了国家的收支，和普通民众非常亲密，甚至常常从马车上下来，与庶民共舞。

然而，历史与之后形成的集体记忆往往不同。时光的流逝让人们只能看到浮在表面的故事。在这个故事里，国王佩德罗一世永远爱着那个惨死于谋杀的女子，其余都不重要。没有一言提及将会继承王位的小费尔南多，不知道他们父子俩关系如何，也不知道王子和他同父异母的兄弟们关系如何。在之后几十年的历史里，这几个私生子还会扮演重要的角色。也没人记载过佩德罗在伊内丝死后的感情生活。有人猜佩德罗从此不近女色、陷入忧郁，但实际上，佩德罗的生活并非如此，他和比阿特丽丝·迪亚士有一段故事。还有王室侍从阿方索·马德拉，有一天国王下令阉割了他，因为他与大臣的妻子通奸。最重要的情人是特蕾莎·洛伦索，这位加利西亚女贵族的生平无人知晓，甚至没人知道她的名字到底是特蕾莎·吉尔·洛伦索还是特蕾莎·洛伦索·德·阿尔梅达，人们只知道她给佩德罗一世生下了一个私生子，这个孩子后来力挽狂澜，保全了葡萄牙的独立。

5 三个莱昂诺尔,三场战争

我们把这个故事留到后面说。让我们先回到费尔南多王子身上。这孩子是葡萄牙的王储,生得英俊潇洒,他后来的正式绰号是"美男子",半正式绰号是"墙头草"和"没脑子"。俗话说得好:"长得帅不能当饭吃",1367年,费尔南多继承了父亲的王位,这句话就开始应验了。

费尔南多一世时年二十二岁,英俊勇武,统治着一个仓廪充实的王国。这位新国王没有萧墙之患,要面对的问题来自边关。阿方索十一世死后,卡斯蒂利亚陷入了内战。和葡萄牙的佩德罗一样,卡斯蒂利亚王子佩德罗同样有"暴君"之称,他是死去的阿方索十一世唯一的嫡子。佩德罗的哥哥,特拉斯塔马拉家族的恩里克,则是国王的私生子。两人为了王位展开了残酷的争夺。费尔南多一世起初十分谨慎,严守中立。但形势比人强,斗争白热化了:恩里克杀死弟弟,残忍夺权,以庶代嫡。由于害怕失去生命,许多支持佩德罗的卡斯蒂利亚贵族逃往葡萄牙。他们不仅向葡萄牙国王寻求庇护,还希望他出面代表他们这一派,赶走篡位的暴君。费尔南多一世是卡斯蒂利亚国王桑乔四世的重外孙,他年纪轻轻、雄心勃勃,易受摆布。贵族们没费太多口舌就说服他向恩里克宣战,声索卡斯蒂利亚的王位。

就这样,爆发了费尔南多系列战争的第一场,历次战争对手都是卡斯蒂利亚,都耗资糜巨、荒唐无稽且毫无价值。

国王陷入了统一葡萄牙和卡斯蒂利亚的幻想中,这意味着他将统治几乎整个伊比利亚半岛。费尔南多一世开始如放血一般消耗葡萄牙的国库。这些财富都是他父亲佩德罗一世留下的，要知道在整个葡萄牙历史上，国库很少像佩德罗一世离世时那样收支平衡。

战争已经打响，费尔南多一世需要盟友。比如争取阿拉贡的支持就非常关键。费尔南多一世因此向阿拉贡人许诺，允许他们保有攻占的所有领土，并向他们补贴军费。费尔南多一世甚至请求阿拉贡国王把女儿莱昂诺尔嫁给自己，以确保两国同盟关系真正持久稳定。

这是一场没有赢家的战争，剑刃、长矛、箭矢和火把构成了战地日常。费尔南多需要削弱敌人力量，因此直接走向对手，拿葡萄牙的土地笼络卡斯蒂利亚贵族。卡斯蒂利亚的部分地区甚至一度承认费尔南多为国王。然而实际上，距离美梦成真还很远。

战争嘛，不是胜，就是败。特拉斯塔马拉家族的恩里克最终突破了边境。托马·布拉加攻破吉马良斯，横扫山后省。情况对费尔南多不利……幸运的是，对于葡萄牙国王，总有人可以在危难中看到机遇。在遥远的伊比利亚半岛南侧，格拉纳达的摩尔人国王得知恩里克的大军集中在葡萄牙北部，便尝试夺取兵力空虚的安达卢西亚。恩里克腹背受敌，赶忙撤回国内，去堵住新的伤口。这一仗打得难解难分，消耗都很大，终于，双方面对了现实，葡萄牙国王费尔南多一世和卡斯蒂利亚国王恩里克一世决定议和。

5 三个莱昂诺尔，三场战争

1371年3月31日，双方在阿尔科廷签订和平协议。然而，如果不是得了什么失忆症，费尔南多一世的真面目就是一个糟糕的谈判者，他竟然把迎娶恩里克一世的女儿莱昂诺尔作为议和条件，丝毫不在乎他已经和阿拉贡国王之女——另一个莱昂诺尔公主有婚约在身。阿拉贡国王为此大为光火，把一腔怒火都发泄在了他见到的第一个葡萄牙人身上。可怜的葡萄牙财务官阿方索·巴拉塞罗是去给阿拉贡送军费补贴的，可不知道怎么回事就被投入大牢，个中原委我们也许永远无法查证。

葡萄牙要打仗，要给盟友补贴，要贿赂卡斯蒂利亚贵族，还要履行和平协定，费尔南多一世就这样给国家财政掏了一个大窟窿。在葡萄牙国内市场上，男性劳动力开始短缺，各大城市也已经出现了饥馑的前兆。

所有这些都要求国王休养生息。覆水难收，哭也无济于事，虽然国王犯下了一系列严重的错误，但随着葡萄牙重归和平，费尔南多一世应该着手恢复国家经济，并且花时间准备和卡斯蒂利亚公主莱昂诺尔的婚礼。

可这位英俊潇洒的费尔南多陛下，偏偏有颗脆弱的心，是个多愁善感的青年。有一天，他在王宫里邂逅了一位前来探访姐妹的少妇，当即决定要和她结为连理，丝毫不顾自己已有婚约在身，也不在乎对方已是有夫之妇。

真是命中注定，这位缪斯女神竟然也叫莱昂诺尔，全名莱昂诺尔·特莱斯·德·梅内塞斯。这是国王生命中第三个莱昂诺尔，也是最后一个，他的命中灾星。这位莱昂诺尔出生在山后省，十五岁就嫁给了庞贝罗爵士若昂·洛伦索·达库尼亚。这种问题在费尔南多眼里根本就不算什么，他很快就废除了这段不幸的婚姻。办法是让莱昂诺尔指责自己的丈夫不能人道，国王亲自作证，说他迎娶莱昂诺尔时发现她还是处子之身。考虑到莱昂诺尔已经生了一个孩子，这也实属奇事一件。

消息传遍了全国，越过了国界。若昂·洛伦索咽不下这口气，去卡斯蒂利亚求援，却无功而返。男爵决心亲手复仇，试图向国王投毒。可事情最终败露，他被剥夺了全部财产。

人民也无法接受这桩婚事，开始质疑国王的精神状态。大约四千名葡萄牙民众出现在国王面前，说这个莱昂诺尔身上有太多丑恶的传言，葡萄牙人一直都称她为"淫妇"，人民绝不会接受这桩婚事。这可能是葡萄牙历史上第一次有记录的大规模游行示威。软弱的费尔南多一世动摇了，当即发誓说愿意接受人民的要求，就按他们说的办，如果人民不喜欢这个王后，他就重新找一个。临走前，国王向民众承诺，几天后会给出更明确的解释。可是，到了约定的日子，国王却没有出现。民众们看着空空如也的王宫露台，感到忧心忡忡。随后，担心变成了现实：费尔南多一世不仅在莱萨·杜巴柳修道院和莱昂诺尔·特莱斯结了婚，还派人杀掉了抗议活动的组织者。

5 三个莱昂诺尔，三场战争

这还没完，尚缺一个细节。费尔南多一世违背了他和卡斯蒂利亚公主的婚约，也就违背了他和老对手卡斯蒂利亚的停战协定。幸运的是，恩里克虽然是位杀弟篡位的嗜血国王，那几年里却平和了许多。他不听不问，废除了《阿尔科廷和约》中关于联姻的条款。1372年，双方在图伊签署了新的和约后，恩里克一世干脆地把女儿嫁给了纳瓦拉国王卡洛斯三世。

无论如何，费尔南多一世逃过一劫，或许是因为恩里克一世意识到，比起说话不算话的葡萄牙国王，纳瓦拉的支持更有价值。而这边的费尔南多一世却一步步滑入深渊。

两国修约几个月后，兰开斯特公爵来到伊比利亚半岛。他是英格兰国王之子，企图登上卡斯蒂利亚王位。为了在王位的争夺中获取援助，他敲响了葡萄牙国王的大门。怎么说呢，英国人确实没有义务深入了解伊比利亚半岛的外交局势，各国之间的关系也确实如风云变幻。但是连小孩子都知道，应该对这个外乡人说"不"；连小孩子都知道，费尔南多和恩里克曾经是敌人，刚刚重归于好，短期内不能反目成仇。可尽管小孩子都知道，坐王座的偏偏是费尔南多一世，他决定答应请求，兰开斯特公爵可以依靠他。一旦与卡斯蒂利亚作战，费尔南多会援助他。

1372年7月10日，双方签订《塔吉尔德条约》，随后更定《威斯敏斯特条约》，正式达成同盟，第二次费尔南多战争就此爆发。

前一次战争已令葡萄牙民生凋敝、军队耗损，这次战争双方的力量差距更为悬殊。恩里克再次攻入葡萄牙，抵抗微乎其微。卡斯蒂利亚进军神速，1373 年 2 月 23 日到达里斯本。就在费尔南多走投无路之际，红衣主教圭多·德·博洛尼亚拉了葡萄牙一把。他要求双方停止武力冲突，重新达成和平协定。于是，不久后的 3 月 24 日，双方在圣塔伦签订和约，然而此时费尔南多一世在谈判中已经无牌可打，只能签下一纸耗资靡巨的不平等条约，唯一的好处是让葡萄牙摆脱卡斯蒂利亚军队的占领。

费尔南多一世似乎终于吃了个教训，接下来的几年里他的脾气收敛了许多。他不再关注卡斯蒂利亚局势，专心致志搞好内政。他和莱昂诺尔王后生了三个孩子，其中两个夭折了，只有大女儿比阿特丽丝公主长大成人。费尔南多一世致力于治理国家，从进攻转为防守。他派人在里斯本和波尔图修建了新城墙，维修了毁于战火和年久失修的城堡，并新建了一批要塞。国王终于显示出一些战略眼光，重视海军的发展。他派人建造新帆船，为了满足造船业对木材的需求，他放开了对砍伐树木的限制。他免除了购买新船和进口金属零件等造船工具的赋税。他还建立了航海保险公司，要求所有商船按一定比率缴纳航行产生的利润，用来建立一个保险基金，负担海难沉船造成的损失，并为损坏的船只提供维修。

这个政策最直接的影响体现在里斯本的变化上。在里斯本港，各地商人来来往往，商船进进出出，商业利益滚滚而来。同时，葡萄牙国王也很关心教育的发展，把大学迁入里斯本。在农业方面，他颁布了土地补助金法，采用多种手段，使得葡萄牙农民安心在农田里工作，扭转了国内的人口流失。他还建立起一项制度，没收了所有无人耕种的土地。

然而，一个重大的国际事件即将证明，在对外政策方面，绰号"墙头草"和"没脑子"的费尔南多一世的敏感性还是一如原来。

在这个时代，因为西方教廷的分裂，欧洲也分化了。在罗马和阿维尼翁各有一位教皇，都宣称自己对天主教会拥有权威。后来，在比萨又冒出来一个反教皇，使得问题更加复杂。欧洲大陆分崩离析，各国从自身的利益和政治联盟出发支持各自的教皇。可费尔南多一世显然不知道该站在哪一边。起初，他审时度势，表示支持阿维尼翁的伪教皇克雷芒七世，可这样做就和英格兰的立场冲突了，两国之前通过《威斯特敏斯特条约》建立了同盟关系。之后，在英国人的要求下，费尔南多一世调转立场，支持罗马的乌尔巴诺六世。但是第二年，他又收回了对罗马教皇的支持，转而采取一种模糊的立场，反正大家也都不在意他了。

老了的费尔南多一世仿佛又支棱了起来。"老"说的是他的精气神，他当时还不到三十五岁。1381年6月，他又卷入了和卡斯蒂利亚的纠纷。这时的卡斯蒂利亚国王已经是胡安一世了，双方在阿连特茹的边境产生了冲突。这次冲突成为新战争的导火线，第三次费尔南多战争开始了。国王把向英格兰求援的任务交给了若昂·费尔南德斯·安戴罗。这个安戴罗是位加利西亚贵族，从第一次费尔南多一世战争起就支持国王，希望以此获得个人晋升，失败后启程前往英格兰。在整个事件中，他本是个小人物，可他偏偏不甘寂寞。在往来伦敦和里斯本的过程中，他以令人生疑的方式接近了王后……

翌年3月7日，卡斯蒂利亚军队开进特茹河，向里斯本发起进攻。先前修建的防御工事只能勉强保护国王所在的城堡，普通人生活在城墙外，只能听凭侵略者宰割。

不过，如果说第三次费尔南多战争给费尔南多一世带来了严重的后果，那么第三个莱昂诺尔也不遑多让。首先，她和安戴罗伯爵之间的情谊十分可疑；其次，她在暗中谋划着一个可怕的阴谋……

若昂王子，费尔南多一世的异母弟弟，佩德罗和伊内丝的私生子。在父母的爱情悲剧中，他隐身于童年，不过是一个可有可无的角色。他娶了莱昂诺尔的妹妹玛丽亚，在宫廷中也颇有威信。莱昂诺尔对小叔的进取忧心不已，因为这可能意味着要调整权力分配，于是决定布下一个阴险的陷阱。她把若昂叫来，给了他一个对双方都有利的建议：娶自己的女儿比阿特丽丝为妻。对莱昂诺尔而言，这意味着把一个潜在的威胁变成盟友；对若昂而言，好处再明显不过了，他将就此成为葡萄牙王位的继承人。但是，我们刚才已经提到过，若昂是有妇之夫，而且他的妻子不是别人，正是王后本人的妹妹。王后并不为此感到烦恼，她给的建议里包括了下面这个条件：想要迎娶公主，必须先杀掉妻子。

5 三个莱昂诺尔，三场战争

若昂真就照办了。他给妻子编造了一个莫须有的罪名，用匕首刺死了她。这下莱昂诺尔不但摆脱了妹妹，还让若昂因自己的恶行身败名裂。王后言而无信，矢口否认自己先前的承诺，把女儿嫁给了一位英格兰贵族，可怜的若昂被迫流亡到卡斯蒂利亚。

与此同时，战争已经接近尾声，葡萄牙和卡斯蒂利亚又一次坐到谈判桌前议和，而费尔南多一世又一次在谈判中严重损害了国家利益。第一，他没有告知盟友英格兰会签订一个停战和约；第二，双方停战的条件之一又是两国王室联姻，唯一可能缔结婚姻的是费尔南多的女儿和另一位费尔南多，西班牙王子。他的女儿已经结婚了，但是我们都知道，在费尔南多一世眼里，这是小事一桩。

接下来发生的事情很有意思。唐娜·比阿特丽丝的英国丈夫是位谦谦君子，他忍住了怒火，穿过英吉利海峡，回到故乡。另一边，卡斯蒂利亚国王胡安一世碰巧死了老婆，决定干脆代替儿子，亲自娶比阿特丽丝为妻。费尔南多一病不起，丢下了奄奄一息的国家。

之后的几个月充满恐慌与羞耻。恐慌，是因为国王已经病入膏肓，没有儿子继承王位，还把唯一的女儿嫁给了卡斯蒂利亚国王，将来这位会成为葡萄牙王位的合法继承人。羞耻，是因为莱昂诺尔王后看到国王卧病在床，觉得自由了，公然与安戴罗伯爵出双入对。

三个莱昂诺尔，三场战争。费尔南多一世做过一些正确的决定，也犯过无数的错误。在 1383 年 10 月 22 日，国王离开人世，距离他的三十八岁生日只有八天。三十八年前费尔南多一世出生时，葡萄牙经济状况平稳，而他死去时，国家已经濒临崩溃。更要命的是，他的去世导致了勃艮第王朝血脉的终结。这个王朝开始于波图卡莱伯爵夫妇恩里克和特蕾莎，这个王朝诞生了葡萄牙的建立者阿方索·恩里克斯。二百四十年后，葡萄牙的第一个王朝，又称阿方索王朝，以尴尬的方式走到了尽头。

仿佛无解之局，但葡萄牙将以一种非同寻常的方式走出创伤，重获一个繁荣时代。费尔南·洛佩斯在他的《编年史》中骄傲地讲述了所有细节。

国王死后，莱昂诺尔王后摄政。她和安戴罗伯爵一起生活，令葡萄牙人民痛恨无比。这时候，一个关键人物登场了，这就是阿维斯骑士团团长唐·若昂。他是佩德罗一世最小的私生子，母亲是一个叫特蕾莎·洛伦索的身份不明的女子。作为葡萄牙王位的第三顺位继承人，他决定竞争葡萄牙的王位。

葡萄牙随之兴起了支持唐·若昂的运动。这个运动由某些贵族发起，但主要由资产阶级和平民支持，"蝼蚁"第一次在国家历史中成为主角。这次运动促成了叛乱，在一个特殊而关键的时刻，民众从里斯本的大街小巷出发，一路进入城堡。唐·若昂亲自参加政变，叛乱者攻入王宫，诛杀了安戴罗公爵。按照事先制订的行动计划，一位信使从山丘上下来，向城里人声呼喊，说阿维斯骑士团团长受到了攻击，需要援助。市民纷纷响应，推举若昂为葡萄牙

5 三个莱昂诺尔，三场战争

的摄政者和护国者，在前往王宫的路上，他们一路攻进主教座堂，登上塔楼，把里斯本主教从上面扔了下去，因为这位主教是王后的党羽。

走投无路的莱昂诺尔写信向女婿卡斯蒂利亚国王胡安一世求援，希望他和自己的女儿一起来葡萄牙继承王位。战火重燃，里斯本再次陷入漫长而痛苦的包围。里斯本军民在城墙内殊死抵抗，而城墙外的卡斯蒂利亚军队则不断减员，最终不得不放弃围城。在科英布拉召开的宫廷会议上，若昂·德·雷格拉斯为阿维斯骑士团团长展开辩护，反对卡斯蒂利亚的胡安一世以及佩德罗与伊内丝所生的两个孩子——佩德罗和那位被莱昂诺尔·特莱斯算计的若昂的即位企图，最终令参会者做出拥戴若昂的决定，史称若昂一世，成为葡萄牙第二个王朝的首位国王。

我们都知道，葡萄牙宫廷会议的决议不可能让卡斯蒂利亚国王收手。1385年，他卷土重来，但这一次他在阿托勒罗、安鲁杰巴罗达和巴维尔德接连战败。因为这一次他的对手是一位葡萄牙历史上最著名的统帅，一位梦想成为加拉哈德——文学中最终找到圣杯的忠贞骑士——的统帅：努诺·阿尔瓦雷斯·佩雷拉。到了这一年年末，危机已经彻底消除。从那时起，新的葡萄牙王室开始带领葡萄牙走进漫长而喧嚣的扩张时代。

为了躲避愤怒的人民，"淫妇"莱昂诺尔·特莱斯逃亡到卡斯蒂利亚。她想在女儿女婿那里得到一些安慰，可就连亲人也无法原谅她，下令把她囚禁在托尔德西利亚斯的一座修道院中。死神倒是对莱昂诺尔非常宽容，让她缓慢而孤独地老去，直到 1386 年 4 月 27 日才把她带走。

历史之道便是祸福相倚。虽然费尔南多一世把葡萄牙搞得满目疮痍，但无形之中，也把葡萄牙带入了复兴。葡萄牙第一次产生了民族和祖国的概念。从此，葡萄牙不再属于国王，不再属于玩弄权术的政治同盟，也不再属于统帅三军的将领，它只属于葡萄牙人民，属于生于斯、长于斯的人。从此，人民侍奉的不再是一位君主，而是一个共同的民族身份。

6

疯癫王后
葡萄牙公主和卡斯蒂利亚王后伊莎贝尔

1428年，当伊莎贝尔出生时，她的祖父若昂一世还在王位上，而出于巧合，他又是公主的曾祖父。

这段故事并不容易理解，即使是对于若昂一世这样一位杰出的国王。他曾是阿维斯骑士团的团长，绰号"美好回忆"[1]。他得到了人民的拥戴与努诺·阿尔瓦雷斯·佩雷拉的卫护，在1383年到1385年的王位继承危机中，面对卡斯蒂利亚国王对王位的合法声索，他力保葡萄牙独立，开启了葡萄牙的第二个封建王朝：阿维斯王朝。让我们慢慢讲述这段故事。

若昂一世娶了英国公主兰开斯特的菲利帕。这段著名的婚姻孕

---

[1] 若昂一世得名"美好回忆"（Boa Memória）是因为葡萄牙人民认为他在葡萄牙历史上留下了一段美好的记忆（Grata Recordação）。

育出了几位既有学问又勇敢无畏的王子，他们在葡萄牙历史中被称为"英武一代"，其中包括未来的葡萄牙国王杜阿尔特王子、恩里克王子、为国家利益悲惨地死在非洲的"圣王子"费尔南多，还有贝雅公爵若昂王子，他在"英武一代"中排行第五，也是倒数第二，我们要讲的伊莎贝尔，就是他的女儿，也就是若昂一世的嫡孙女。伊莎贝尔父亲一支的家庭关系很清楚，复杂的是母亲一支。

尽管若昂一世和兰开斯特的菲利帕的婚姻深受好评，尽管他本人美名传遍全国，但他还是逃不过那个时代的惯例，也搞婚外恋，还养育了私生子。我们要讲的是他和伊内丝·皮雷·埃斯特维斯的私情，两人生下了一男一女两个孩子。其中的男孩叫阿方索，国王让他和努诺·阿尔瓦雷斯·佩雷拉的独女比阿特丽丝·佩雷拉·德·阿尔温成婚。国王赏赐给两人封地和财产，布拉干萨家族就此诞生。很久以后，这个家族统治了葡萄牙第四个也是最后一个封建王朝。好吧，阿方索和比阿特丽丝有一个女儿，起名叫伊莎贝尔，她后来嫁给了若昂王子。就是那个在"英武一代"中排行第五、倒数第二的王子，也就是若昂一世排名第七、倒数第二的嫡子。

有点糊涂吧？这很正常。简而言之，这个伊莎贝尔嫁给了她父亲同父异母的弟弟，相当于她的叔叔。伊莎贝尔和若昂王子的女儿也叫伊莎贝尔。这个伊莎贝尔才是我们开头提到的那个伊莎贝尔。所以说，伊莎贝尔在父亲一支是若昂一世嫡出的孙女，在母亲一支是若昂一世庶出的重孙女。可要注意这点啊！

尽管没有什么特殊地位，伊莎贝尔还是在王宫里长大。她父亲很有钱，但从不敢对王位抱有幻想。在继承顺序上，有太多王子和公爵都在他之前。阿维斯王朝的权力光环笼罩了当时的环境，在确保国家独立后，葡萄牙开始对外扩张，在北非连战连捷，一个庞大的海外帝国已经初见雏形。伊莎贝尔的外曾祖父努诺·阿尔瓦雷斯·佩雷拉的宗教虔诚和人格魅力号召着葡萄牙王室。因为战功赫赫，他屡受封赏，拥有无数财产和土地。他本可以成为整个伊比利亚半岛最富有的人，但却选择把所有财富分给战友和乞丐，自己进入了亲自派人修建的嘉模修道院，希望最终能为世人遗忘。

伊莎贝尔的这位外曾祖父在她三岁时离世，五岁时，她的曾祖父暨祖父若昂一世死去。杜阿尔特一世登上王位，和他一起入主王宫的还有一些新面孔，比如国王以前的侍从鲁伊·戈麦斯·达·席尔瓦和他的女儿们。其中一个女儿被交给伊莎贝尔的母亲，成了小公主伊莎贝尔的侍女。这位小侍女名叫比阿特丽丝，比小公主稍大一点，差不多七岁。她出落得美丽非凡，一位画家甚至以她为模特创作了一幅贞洁圣母的肖像。

于是，伊莎贝尔和比阿特丽丝一起长大。她们一起做游戏，一起学刺绣，一起参加茶会，可她们的命运却颇为不同。同是贵族出身，比阿特丽丝只是个普普通通的侍女，辛勤地向圣弗朗西斯科·德·阿西斯和圣母玛利亚做祷告；而伊莎贝尔身上流淌着王室的血脉，总有一天会嫁给一位外国的王子或公爵。这一天在1447

年到来，此时杜阿尔特一世已经去世，新登王位的是他的儿子阿方索五世。和预想不同的是，伊莎贝尔的新郎不是和她一样的二流贵族，而是一位货真价实的卡斯蒂利亚国王。

卡斯蒂利亚的胡安二世本来没想过要续弦。他已经四十二岁，身体虚弱，比人们为他安排的新娘大了足足二十三岁。他已经度过了一个漫长的人生，对此有种说不出的厌烦。

他父亲恩里克三世在他才二十二个月大时就去世了，王位就这样落到了他头上。他成长的时光里，叔叔费尔南多摄政，可在登上王位后，他很快就发现自己不是当国王的料。他是个和蔼可亲的人，喜欢唱歌跳舞，但这些能耐不足以应付虎视眈眈的贵族。后来，费尔南多一世去阿拉贡当了国王，而胡安二世又性格软弱，这就给了阿尔瓦罗·德·卢纳为所欲为的机会。卢纳是一位贵族，是胡安二世的发小。他深知国王对自己言听计从，竭尽所能地加以利用。

他深得国王欢心，很快升为首相，成为卡斯蒂利亚的实际统治者。他与小贵族和低级教士阶层结为同盟，对抗卡斯蒂利亚大贵族和阿拉贡王子的野心，怂恿国王发动战争，试图从摩尔人手中夺回格拉纳达。卡斯蒂利亚在这场战争中吃了败仗，但也有人说，这场失败背后不是军事原因，而是卢纳收了摩尔人的贿赂。据说摩尔人在开战前给卢纳送去一车无花果，每一个无花果里都藏着一枚金币。抛开这些猜测，事实是，在接下来的几年中，卢纳连续被任命为陆军统帅、桑铁斯特万公爵和圣雅各骑士团的团长。到了1445年，他几乎已经大权独揽。

这时候，胡安二世已经沦落为背景，很大程度上，他是心甘情愿的，或者说，他根本无欲无望。胡安二世大概觉得既然特拉斯塔马拉王朝可以延续，他就已经完成任务了：1420年，他与叔叔费尔南多的女儿、阿拉贡公主玛利亚成婚，两人生了四个孩子。三个女儿先后夭折，但儿子恩里克健康地长大了。

然而在1445年，玛利亚王后的意外离世打破了国王平静的生活。这下国王比之前更加孤独了，不过好在他已经有了可靠的继承人，没有必要续娶一位妻子。

可卢纳的眼光一如既往的长远。玛利亚王后，如此杰出的女性，她的离世令人痛心……但也未尝不是一个机会……卡斯蒂利亚需要盟友，因为亟须在伊比利亚诸势力中孤立阿拉贡。葡萄牙刚好适合做这样一位盟友，而且，两国不久前才签署一份新的和平协定，解决阿尔茹巴罗塔之战等历史遗留问题。有什么比一场卡斯蒂利亚国王和葡萄牙公主的婚礼更能庆祝两国重归于好呢？更何况这位公主的外曾祖父还是卡斯蒂利亚的老对手——努诺·阿尔瓦雷斯·佩雷拉。

时间过得很快，胡安二世始终拿不定主意，计划一再推迟。最终，卢纳让国王看清了形势："恩里克王子和阿拉贡的布兰卡公主结婚已经七年了,可是他俩的孩子还没影儿呢!外边开始有人说三道四了……陛下您是知道那些人的,但是,谁知道呢?上帝的旨意莫测……总之,到处都有人说,恩里克王子可能……传不下去了。"

胡安二世最终被说服了。必须确保卡斯蒂利亚的王位代代相传,如果儿子不行,他就得亲自上阵。国王决定再次结婚。

1447年8月17日,在取得教皇欧亨尼奥四世的血亲豁免后,四十二岁的卡斯蒂利亚国王胡安二世和十九岁的葡萄牙公主伊莎贝尔在马德里加尔成婚。作为聘礼,伊莎贝尔得到了卡斯蒂利亚几处土地的所有权,比如阿雷瓦洛。这时候,若昂一世的子孙后代已经遍布欧洲各个重要的王室,其中最著名的是神圣罗马帝国皇后莱昂诺尔。而现在,伊莎贝尔也成了他们中的一员。

不过,伊莎贝尔不是只身前往卡斯蒂利亚开始新生活的,她带了四五个侍女随行,其中就有比阿特丽丝。

从葡萄牙到卡斯蒂利亚之路并非一帆风顺,因为王室分裂为马德里加尔和托尔德西利亚斯两派。年轻的王后发现自己身处一个尔虞我诈的环境,而且,她很快就意识到,掌握大权的并非自己的丈夫,而是和国王形影不离的阿尔瓦罗·德·卢纳。至于比阿特丽丝,她在无意中抢走了新王后不少风头,许多伯爵和公爵都竞相追求她。她的美丽变成了诅咒……

1451 年,伊莎贝尔生出了胡安二世翘首以盼的王嗣,主要是因为恩里克和布兰卡仍然没有孩子。这孩子是个女孩,取了和母亲一样的名字。但她的降生却带来了一个意想不到的麻烦:王后开始出现精神不稳定的症状。她陷入深深的抑郁之中,不愿和丈夫以外的任何人说话。作为这场婚姻和其他大事的幕后推手,卢纳怎么也想不到接下来发生的事。

这位去国离家的王后伊莎贝尔从不欢喜卢纳的陪伴,更不喜欢他对丈夫的巨大影响,对他试图控制自己日常生活的做法尤为厌恶。王后给卡斯蒂利亚添了一个可能的继承人,在宫廷里站住了脚,而且她精神状态不稳定,不时歇斯底里,不由心生立威之念。她十分了解阿尔瓦罗·德·卢纳的诡计、权势和幕后阴谋。国王架不住她的软磨硬泡,终于答应除掉卢纳。在伊莎贝尔嫁入卡斯蒂利亚之前,这是人们想都不敢想的情况。

胡安二世妥协了。1453 年 4 月 4 日,阿尔瓦罗·德·卢纳在布尔戈斯被捕。他的妻儿逃往埃斯卡洛纳,他们以卢纳是圣雅各骑士团大领主为由,请求教皇解救卢纳。可教皇的谕令没有及时送达卡斯蒂利亚(也有人怀疑其实送达了)。6 月初,卢纳被押到巴拉多利德。经过一场人为操纵的审判,卢纳被匆忙定罪,第二天就在公共广场上被斩首。

1453 年 11 月 5 日,伊莎贝尔为胡安二世生下了第二个孩子,这回是一个男孩：阿方索王子。胡安二世本想废掉恩里克，立阿方索为王储。但他又担心此举会给卡斯蒂利亚和阿拉贡本已紧张的关系火上浇油（胡安二世死去的前妻玛利亚是阿拉贡公主），最终还是作罢。

与此同时，恩里克王子也终于下定了决心。在和布兰卡度过了摇摇欲坠的十三年婚姻生活后，他以妻子不能生育为由向教会申请休妻。王子准备在另一个女人身上试试运气，他效仿父亲，选了一位葡萄牙新娘：若安娜公主。而这位公主正好是他年轻继母的表妹。

于是，动荡的一年有了一个几近幸福的结局，但接下来的一年却并不平静……

这个故事流传不广，也不为所有人熟悉。西班牙的历史学家自然对这一连串的政治事件更感兴趣，因为它们最终导致了西班牙的统一。其中，伊莎贝尔王后发挥了重要作用，是她扳倒了权势滔天的阿尔瓦罗·德·卢纳。而王后为人诟病的疯癫更多是教育女儿即未来的西班牙女王伊莎贝尔所引发的后果，而不是因为忌妒一个小侍女，无论她长得有多漂亮。然而，这个小侍女有朝一日会有资格拥有自己的传记（后面我们就会明白为什么会这样），其中一些传记作者会详加记载1454年前后发生的这　段插曲。

这段时间里，比阿特丽丝一直陪伴在王后身边，但没有参与到席卷宫廷的阴谋诡计中。卡斯蒂利亚最显赫的贵族们仍然在追求她,可她看起来只想用祈祷诵经来躲避。她无比美丽、无比优雅,据说连国王都喜欢让她陪在身边,同她谈话。

根据一些传记作者的说法,在精神疾病的折磨下,有一天,伊莎贝尔终于无法忍受这位和她从小一起长大的侍女和丈夫成天谈心。据说王后派人(也有可能是亲手)把比阿特丽丝锁进了一个箱子,而且看起来她不打算再把箱子打开。

但是,三天后,比阿特丽丝的叔叔若昂·德·梅内塞斯公爵来卡斯蒂利亚王宫看望侄女。一年前比阿特丽丝的父亲去世了,他一直想作为家人陪伴一下侄女。伊莎贝尔王后赶忙前往她囚禁比阿特丽丝的地方,让人打开箱子。出乎王后意料的是,比阿特丽丝没有死,甚至没有一点虚弱的样子。她保持着微笑,看起来比过去更美了。比阿特丽丝发誓说,在她被囚之时,圣母玛利亚出现在她眼前,保证她不会死去,因为她有一个使命要去实现:建立一个供奉无原罪圣母的修会。几个世纪以来,无数艺术家绘出了这次显灵。

无论显灵是真是假,可以确认的是,比阿特丽丝·达·席尔瓦,这位王后身边的侍女,这位人见人爱的美人,真的就在那一年离开王宫,前往托莱多的圣多明我王室修道院静修。她抛弃了荣华富贵,选择了与世隔绝,在祷告和忏悔中度过每一天。她在那里住了整整三十年,总是戴着面纱,以免她美丽的容貌再次招来嫉恨。

在17世纪的一出戏剧中,马德里诗人和剧作家蒂尔索·德·

莫利纳给胡安二世写了这样一句台词："比阿特丽丝，如此美丽的女人，只有上帝才配拥有她。"

胡安二世的余生在失望、病痛和日渐虚弱中度过，他在1454年的7月22日去世。伊莎贝尔在二十六岁的年纪就成了寡妇。

只比继母年长三岁的恩里克王子在父亲死后登上卡斯蒂利亚王位，史称恩里克四世。他声称父亲的离世让伊莎贝尔本已脆弱的精神状态雪上加霜，以此为借口让她离开王宫，移居阿雷瓦洛。伊莎贝尔顶着太后的虚衔，被迫离开权力中心，前往那个村庄里的小城堡。这个村子还是她当年出嫁时的聘礼。她将两个孩子带在身边，女儿伊莎贝尔只有三岁，而儿子阿方索还是个九个月的婴儿。陪在她身边的除了仆从还有她的母亲。她专程从葡萄牙赶来陪伴女儿。伊莎贝尔名义上是静养，实际上是被软禁于此。当时伊莎贝尔还不知道——也可能已经预感到了——她将在这座城堡里度过余生。

在接下来的几年里，年轻的寡妇伊莎贝尔收到了很多提婚的请求，可伊莎贝尔听都不想听。她过着禁欲、俭朴的生活，忙着教育两个孩子。然而她很快便又一次落入了无法自拔的忧郁情绪中。在阿雷瓦洛城堡的孤独和寂静中，伊莎贝尔开始出现幻听。传说她是被鬼魂缠上了，特别是阿尔瓦罗·德·卢纳的幽灵，终日漂浮在城堡中，呼唤着她的名字。慢慢地，伊莎贝尔开始认不出身边的人，有的时候甚至不知道自己是谁。

太后的精神状况日渐恶化，因此，1461年，她的两个孩子从她身边被夺走。就在同一年，她的表妹若安娜，也就是恩里克四世的第二任妻子，终于怀孕了。由于恩里克四世的绰号是"性无能"，这个消息实在出人意料。孩子在第二年2月降生，是个女孩，取了和母亲一样的名字。若安娜小小年纪就被称为"贝尔特兰的种"，王室官方给出的说法是，她的出生要感谢一种神奇的技术，类似于我们今天的人工授精技术，可有传闻说，使王后怀孕的应该是一项更加古老的"技术"——这个女孩是王后和卡斯蒂利亚贵族贝尔特兰·德·拉奎瓦私通的结晶。

虽然与世隔绝，葡萄牙的伊莎贝尔这个名字又一次和王室阴谋联系在了一起。1465年，在恩里克四世的反对者和诬称若安娜是"贝尔特兰的种"的那群人的拥立下，伊莎贝尔的儿子阿方索在阿维拉登基。不过，从来没有证据证明伊莎贝尔参与了这场所谓的"阿维拉闹剧"。三年后，这位年轻的王子神秘身亡。此时伊莎贝尔已经年过四十，本就风雨飘摇的健康状况又因此遭到沉重打击。

同样的，没有人知道她在多大程度上参与或者至少了解那场改变了西班牙历史的戏剧性政变。当时太后之女伊莎贝尔正与阿拉贡王储费尔南多王子秘密议婚。作为同父异母的哥哥，恩里克四世威胁小伊莎贝尔，说如果她不放弃政治诉求，就把她幽禁在修道院中。年轻的伊莎贝尔请求离开王宫，去阿雷瓦洛城堡看望多年不曾谋面的母亲。获得许可后，公主赶往巴拉多利德，和费尔南多王子举行了婚礼，提升了阿拉贡贵族对卡斯蒂利亚政治的影响力。

如果王后发疯的传言都是真的，那她不太可能参与这些谋划。然而，我们需要排除一种可能，这就是政敌夸大病情，以此败坏王后的名声，同时破坏她女儿即位的机会。毕竟我们知道，丈夫活着的时候，葡萄牙的伊莎贝尔表现出了强大的政治天赋和审时度势的能力。倘若她还头脑清醒，面临子女登上大位的机会时，不大可能袖手旁观。

战争在1474年爆发。"性无能"恩里克四世撒手人寰，王位空悬，存在两个候选人，一个是恩里克四世和葡萄牙的若安娜的女儿若安娜，另一个是恩里克四世同父异母的妹妹、葡萄牙的伊莎贝尔的女儿伊莎贝尔。王位的合法继承人是若安娜，但大多数贵族都拒绝承认她的合法地位。他们继续称她为"贝尔特兰的种"，坚称她不是国王的亲生女儿，而是王后和贝尔特兰的私生女。为了寻求支持，若安娜嫁给了她的舅舅、丧偶的葡萄牙国王阿方索五世。阿方索五世的前妻科英布拉的伊莎贝尔已经生下了继承人，也就是将来的若昂二世。因此，葡萄牙人、加利西亚人和所有希望葡萄牙和卡斯蒂利亚合并的人都支持若安娜。而在另外一边，伊莎贝尔作为死去的胡安二世与葡萄牙公主伊莎贝尔的女儿，流着无可置疑的王室之血，得到了大部分卡斯蒂利亚贵族的支持。因为她的丈夫是阿拉贡王储，支持她的还有阿拉贡和所有希望阿拉贡和卡斯蒂利亚合并的人。

尽管若安娜女王和阿方索五世国王是卡斯蒂利亚法律意义上的君主，但伊莎贝尔还是在1474年被拥立为女王。不过，卡斯蒂利亚的王太后，发疯的伊莎贝尔没有出席登基典礼。

这场王位继承战争持续了五年，最终伊莎贝尔女王和费尔南多国王击败了葡萄牙国王阿方索五世和"贝尔特兰的种"若安娜。双方签订了《阿尔卡苏瓦什条约》，这份条约首次确定了未来的葡萄牙和西班牙在世界地图上的领土划分，后来在《托尔德西利亚斯条约》中又做出了调整。

同年，费尔南多王子加冕成为阿拉贡国王，史称费尔南多二世。西班牙就这样走上了统一的道路。

在接下来的几十年中，伊莎贝尔和费尔南多逐渐成为历史上最著名、最有影响力的夫妇。他们娴熟地安排后代的前途，以高明的政治智慧笼络盟友，为若干年后他们的孙子卡洛斯五世建立庞大帝国奠定了基础。他们合并了卡斯蒂利亚和阿拉贡，将纳瓦拉纳入版图，又征服了摩尔人在伊比利亚南部的最后堡垒——格拉纳达王国。"天主教双王"展现出灵活的外交手腕，使各个国家间化干戈为玉帛，最终促使西班牙实现统一。正是这个全新的国家资助了克里斯托弗·哥伦布前往美洲的航行。当时葡萄牙在位的国王已是若昂二世，他此前拒绝资助这位航海家的计划，因为实际上，哥伦布的计划并不是发现新大陆,而是向西航行到达印度。

伊莎贝尔女王和费尔南多国王为天主教的扩张做出了贡献,教皇因此授予他们"天主教国王"的称号,西班牙所有的国王均可沿用,直到今天。不过,值得注意的是,"天主教国王"的信仰虔诚也导致了宗教裁判所的诞生和对犹太人与摩尔人的驱逐。

那么,比阿特丽丝呢?她的结局如何?我们之前讲到她进入了圣多明我王室修道院。这位侍女从小陪伴葡萄牙公主伊莎贝尔长大,放弃了所有尘世的荣华富贵,选择了隐居,与多明我会的修女们为伴。她直到弥留之际还戴着一块面纱,为她的美丽蒙上了神秘的色彩。

好吧,我们知道,按照一些传记的说法,比阿特丽丝做出这个激进的决定是因为伊莎贝尔王后出于忌妒而把她锁进了一个箱子。很多作家忽略了这个故事,还有人认为这是神幻故事,然而在之后数十年发生的事中,这个故事可以找到一些依据。

"天主教女王"伊莎贝尔从未去过阿雷瓦洛看望被软禁的母亲,可对阿特丽丝的态度却截然不同。女王曾多次前往托莱多看望比阿特丽丝,这不大能用什么童年友谊来解释,毕竟比阿特丽丝离开王宫时,伊莎贝尔还只有三岁。女王对生母的轻慢和对比阿特丽丝的关心似乎说明,过去发生过一件错事,需要惩罚、补偿……

无论原因为何,"天主教女王"伊莎贝尔最终成为比阿特丽丝的支持者，帮助她完成了当年向圣母玛利亚发的誓愿：建立一个专门侍奉无染原罪圣母的修会。女王供给比阿特丽丝一笔年金，支付她在圣多明我修道院中的花销，而她之后要做的还远远不止这些……

玛利亚无染原罪受孕的说法是这样的：上帝让玛利亚未受原罪就怀上身孕，因此，玛利亚很早就准备成为弥赛亚的母亲。而在那个时代，这段故事还不是教义。比如说比阿特丽丝所在的圣多明我修会就不承认这个说法，因此她需要到一个新的地方去建立一个新的修会，把圣母玛利亚作为新的崇拜对象。实现她愿望的正是"天主教女王"伊莎贝尔，她把加利亚纳的几座西哥特时代的王宫捐给了比阿特丽丝。

1484 年，在离开王宫三十年后，比阿特丽丝·达·席尔瓦离开了圣多明我修道院，建立起属于自己的修道院。她用了五年时间，带领十二位年轻修女在新修会中修行。修会没有明文会规，比阿特丽丝需要得到教皇的授权。对于一个从前只是区区侍女的普通信徒而言，这几乎是不可能的。但是，"天主教女王"伊莎贝尔不断为此努力，并在 1489 年成功地把请求呈送给教廷。教皇依诺增爵八世颁布训令，正式批准创办圣母修道院。

比阿特丽丝此时年事已高，大概有六十六岁，但坚持等来了一生中最大的快乐。她穿上教袍，宣誓就任修道院的创始院长。她在几天后过世。

几年后，教皇儒略二世最终批准建立圣母无染原罪会，与熙笃会、方济各会和多明我会并列。圣母无染原罪会就此诞生，这是世界上唯一由葡萄牙人创立的修会，如今它已经遍布全球。

不过，"天主教女王"伊莎贝尔最终还是与她母亲重逢了。1496年夏天，她听说母亲已经不久于人世，便前往阿雷瓦洛，回到了那个她三十五年前离开的城堡。母亲伊莎贝尔一动不动地躺在床上，女儿伊莎贝尔走过去，坐在母亲身边。她们交谈了几句，可是母亲已经认不出女儿了。

8月15日，这位不幸的太后离开了人世，享年六十八岁，其中四十二年都被幽禁在高墙之内。从她的出生到离世，葡萄牙经历了五位国王，卡斯蒂利亚经历了三位，他们都与她沾亲带故。她的一生很漫长，但我们不知道在那个幽灵造访的大脑里，时间究竟过得有多快。伊莎贝尔女王下令将她葬在布尔戈斯的卡杜哈·德·米拉弗洛雷斯修道院，长眠于丈夫和儿子身边。

几个世纪后，我们再一次得到了伊莎贝尔和她侍女的消息。1976年10月3日，在圣佩德罗广场上，教皇佩德罗六世正式为比阿特丽丝·达·席尔瓦封圣，令她成为葡萄牙第一位圣女。2006年在西班牙，莱昂大学的研究者打开了胡安二世和伊莎贝尔的坟墓，对他们的遗体展开了人类学研究。经过了六百年的时光后，胡安二世的遗体出人意料地保存完好，而葡萄牙的伊莎贝尔却只余残骨了。

7

反抗上帝、凡人与死神

红衣主教恩里克

  命运弄人。阿维斯王朝是葡萄牙历史上最辉煌的时代,也是历史上最为黯淡的岁月。1383年到1385年的危机中,阿维斯王朝崛起于人民的召唤中。葡萄牙人民的爱国主义精神初次觉醒,并把若昂一世送上了王位。在努诺·阿尔瓦雷斯·佩雷拉将军神圣光辉的庇佑下,葡萄牙经阿尔茹巴罗塔之战,打败了卡斯蒂利亚,其后"英武一代"又肩负起航海大发现的使命。但这个光辉时代戛然而止,只能于岁月的尘埃与对"三王之役"的痛苦回忆中苟延残喘。葡萄牙为战死者痛哭,还要掏出大把金银赎回俘虏。人民盼望奇迹拯救葡萄牙。可奇迹终究没有到来,两百年前,葡萄牙付出了高昂代价才赢回的独立,如今,却被全盘交予卡斯蒂利亚。

  很多人认为,自夜幕笼罩摩洛哥海滩的那一刻,葡萄牙历史上最好的年代就结束了。"寄厚望者"塞巴斯蒂昂不知所终,绵延五个世纪的血脉就此终结。这条血脉从王国的创立者阿方索·恩里克斯开始，经历过若昂一世的中兴，从第一个王朝延续到第二个王朝。若昂一世是佩德罗一世和特蕾莎·洛伦索的私生子，关于他的母亲我们所知甚少。这是因为我们不忍毁掉佩德罗和伊内丝的浪漫神话，相信佩德罗在伊内丝死后一直不近女色。

国王高擎宝剑，面对万千敌军，最终不知所终。倘若原初的葡萄牙以这样的方式突然终结，它依然是一个催人奋发的英勇形象。然而真相却并非如此，葡萄牙的衰落漫长而艰辛。这是长达两年的受难，国家一步步滑向深渊，这场受难尤其发生在一个男人的内心深处，他是如此孤独而病弱，是葡萄牙历史上最复杂的人物。他就是红衣主教恩里克。

想要理解这段故事的背景，我们必须回到那个时代。那是16世纪初叶，葡萄牙人刚刚到达巴西，建立起一个横跨四个大洲的帝国。葡萄牙国王曼努埃尔一世已经有过两段婚姻，此时正在为若昂王子安排婚事。这位若昂王子就是后来的若昂三世。国王选择了年轻的奥地利公主莱昂诺尔，据说这位公主十分美丽。可是，到了公布婚讯的日子，曼努埃尔一世却做了一件让朝野哗然的事，他宣称将亲自迎娶莱昂诺尔公主。那一年，曼努埃尔一世四十九岁，莱昂诺尔公主二十岁，至于若昂，恐怕会觉得自己还是个孩子。国王在成婚三年后离世，莱昂诺尔王后为他留下了两个孩子。王后新寡，有人建议若昂和自己的继母结婚，但遭到王子拒绝。此举却未能阻止有关他俩暗通款曲的流言蜚语。莱昂诺尔王后最终远嫁法国,成为法国王后;而若昂则娶了奥地利公主卡塔琳娜。这个女人本该只是成为王妻,后来却成为摄政王后,距离女王仅仅一步之遥[1]。

现在看起来,一切都走上了正轨。若昂三世统治着葡萄牙,是世俗世界的领主;而他的弟弟恩里克王子,是精神世界的统领。在他们共同掌权的那些年里,王权和教权之间达成了空前的和睦。国王通过战争开疆拓土,而教会就在这些土地上传播福音。葡萄牙领土扩张的步伐慢了下来,当务之急是巩固和保卫领土不受攻击,消灭海盗,靠收益生活。

恩里克王子在教会里迅速上位。他本就勤奋好学、虔诚于宗教。曼努埃尔一世之子这个小小细节也应该为他加分不少。年仅二十岁时他已经成了布拉加大主教,后来又兼领埃武拉和里斯本总教区。作为葡萄牙宗教裁判所的大法官,恩里克王子应该没有太多朋友。教皇保罗三世后来又封他为红衣主教。在全欧洲的教会中,恩里克王子远近闻名、德高望重,他完全有可能成为第二位来自葡萄牙的教皇。马塞洛一世死后,他进入了枢机团。恩里克是一位职业教士,他其貌不扬、郁郁寡欢、茕茕孑立。他的王国并非尘世。这些事务本该由哥哥以及他的后代管理。可是,正是在后代这个问题上,麻烦出现了。

---

[1] 塞巴斯蒂昂国王失踪后,卡塔琳娜王后代替他执掌葡萄牙的政权。

若昂三世足足有十个孩子，其中包括他与卡塔琳娜结婚前和侍女生下的私生子。可悲哀的是，国王眼睁睁地看着他的孩子们一个个夭折。杜阿尔特、阿方索、玛利亚·曼努埃拉、伊莎贝尔、比阿特丽丝、曼努埃尔、菲利普、迪尼什、若昂·曼努埃尔和安东尼奥，这些孩子一个接一个地成为阿维斯王朝的继承人，却又一个接一个地死去。葡萄牙可能是当时全世界最有权势的王国，可这一连串的悲剧竟毫无预兆地使它落入后继无人的窘境，走到了崩溃的边缘。其中，国王倒数第二个孩子的故事最有戏剧性。这位若昂王子生于1537年，在哥哥迪尼什去世后成为葡萄牙王位的继承人，他最小的弟弟安东尼奥又在1540年夭折。1552年，若昂王子和乔阿娜公主结婚，公主很快怀有身孕，可就在公主生产前十八天，王子却因糖尿病而死。这个降生在1554年1月20日的孩子取名为塞巴斯蒂昂，难怪他小小年纪就身背"寄厚望者"的绰号。

无论如何，阿维斯王朝似乎得救了。若昂三世死于1557年，塞巴斯蒂昂此时只有三岁。当务之急是有人摄政，直到年幼的王子长大成人。这个任务交给了王子的两位长辈，一位是他的祖母卡塔琳娜王后，一个失去了所有孩子的伤心母亲；另一位就是他的叔祖父红衣主教恩里克，他从未想过插手这些俗务，但他触及世俗政权意味着教廷势力在葡萄牙帝国中的影响力上升。

作为摄政者，红衣主教小心而谨慎地管理国家。他着力平衡国家财政，削减开销，偿还债务。十一年后，塞巴斯蒂昂十四岁了，在里斯本的罗西奥广场举行的盛大仪式上，恩里克王子和卡塔琳娜王后把王权平稳地归还给了他。此后，两位老人继续陪伴塞巴斯蒂昂执政，教导他，给他建议。在塞巴斯蒂昂第一次出征丹吉尔和休达时，恩里克红衣主教再一次短暂掌权，然而，塞巴斯蒂昂和他的叔祖父很快就分道扬镳了。塞巴斯蒂昂答应"新基督徒"[1]交钱换得宽恕，这与恩里克王子的意见相左。就在"三王之战"前一年，恩里克和塞巴斯蒂昂断绝了往来。

我们必须特别谈谈葡萄牙年轻国王的性格。塞巴斯蒂昂对婚姻和生育后代丝毫不感兴趣（据说他患有一种疾病，导致性器官有缺陷），反而沉湎于效仿先人驰骋沙场的幻想中。尽管群臣苦劝塞巴斯蒂昂保持最基本的理智，可为了恢复葡萄牙在北非的据点，为了征服摩洛哥，国王急不可耐地渴望出征非洲。葡萄牙最著名的诗人卡蒙斯似乎在无意之中助长了国王的疯狂。正是他在史诗《卢西塔尼亚人之歌》中称颂的丰功伟绩鼓动塞巴斯蒂昂拿起了武器，赌上了这刚刚遭遇奇迹获救的王朝。为了几座衰败的城市，塞巴斯蒂昂赌上了葡萄牙的独立。从经济的角度看，此时葡萄牙帝国的足迹已经到达巴西、印度、中国和日本，对北非的征讨只有一点象征意义。狂热的宗教情怀驱使国王渴望成为一名耶稣基督的骑士，向异

---

[1] 新基督徒（Cristão-novo）指在葡萄牙、西班牙和巴西改信天主教的犹太人和穆斯林。

教徒宣示基督教的信仰，不惜诉诸武力。

当穆罕默德·穆泰瓦基勒造访葡萄牙时，战争的时机出现了。这是国王无比期待而葡萄牙无比恐惧的一个时机。穆罕默德·穆泰瓦基勒被叔父夺走了王位，来请求葡萄牙帮助自己夺回王位。命运让塞巴斯蒂昂如愿以偿：他一言九鼎，决定亲征摩洛哥。他集结了由大约一万五千至两万三千名士兵和五百艘战舰组成的大军，在1578年那个闷热的夏天向北非进发。

接下来的故事众所周知。塞巴斯蒂昂的军队抵达战场时，由于长途行军、酷暑、瘟疫和饥饿，已经筋疲力尽。等待着他们的是以逸待劳的敌人，他们熟悉地形，还有来自奥斯曼帝国的协助。传说人们最后一次看到塞巴斯蒂昂时，他手执阿方索·恩里克斯的宝剑向敌阵冲锋，不久就消失于人群、厚望和尘土组成的烟云中。

我们就这样回到了这一章的开头，回到了红衣主教恩里克身上。那一瞬间，这位老迈的神父独自坐在里斯本皇宫巨大的桌子旁，尽管身边簇拥着教士和朝臣，他却表现出如此可怕的孤独。恩里克不甘不愿，独守王宫，垂垂老矣，终其一生都在质疑自己的选择。他已经六十六岁了，所剩时日无多。但是，现在，他不得不成为国王，因为他的侄孙塞巴斯蒂昂，"寄厚望者"，曾经拯救了一个濒临终结的王朝的虚幻奇迹，年方二十四岁，便死在了非洲，或者依照人们最美好的假设，他连同其他贵族精英被囚禁在非洲。恩里克，一个老人……他本有望成为教皇，现在却成了一个即将落入外人之手的绝望国家的君主。恩里克敬畏上帝，却忧惧凡人，他懦弱的迟疑让人愤恨，却让我们深感同情。为什么上帝要用这样的磨难考验他？

1578 年 8 月，恩里克登上王位。无需话语，仅国王在典礼上的出场便将葡萄牙不得不去面对的历史性矛盾表现得淋漓尽致。恩里克现身时，手中握着国王的权杖，身上却穿着红衣主教的法袍。

恩里克的内心没有变，他仍然坚持每天做弥撒。在葡萄牙亟须与摩洛哥谈判赎回一万六千名战俘的紧要关头，恩里克派出了他信任的教士作为外交代表。

那是一个举国哀恸、备受屈辱的时期。为了交纳赎金，王室耗光了整个国库。许多家庭都千金散尽，只为赎回儿子和丈夫。同时，人们也在茫然地寻找着塞巴斯蒂昂的尸首，希望把他带回葡萄牙，至少让人们能对着他的遗体哭泣。

但是，有一个问题更加紧要，得为红衣主教恩里克找一个继承人，以免因为后继无人而把葡萄牙这个横跨全世界的大帝国拱手让给别人。

我们慢慢分析看。按照自然规律，我们的国王也时日无多了，何况他还有病在身。他还是一位神父、一位大主教、一位红衣主教，从少年时起就发誓奉行独身，从来没有出现过任何关于他和某个女人好上了的传闻。这位国王没有家室，没有后代，没有解决方案。对于他，为葡萄牙国王取绰号的学者们想不出别的名字，只有"贞洁者"恰如其分。

因此，存在两种可能。要么让恩里克打破独身，找一个妻子，不顾病痛与老迈，与她生儿育女；要么在声索葡萄牙王位的人中选一个相对合理的继承人。实现第一个可能，需要的不仅仅是一个奇迹，而是一连串的奇迹。那么就只剩下第二个可能了，分析候选人名单变得至关重要。

第一个候选人是克拉托修道院院长安东尼奥。他参加了"三王之战"，落入了摩洛哥苏丹的魔爪中。不过他机智地隐瞒了身份，因此第一批得到释放。安东尼奥有王室血统，他是曼努埃尔一世的孙子、红衣主教恩里克国王的侄子。问题在于恩里克不太认可他的人品，虽然安东尼奥得到了民众的支持，但恩里克拒绝让他接掌王位，甚至剥夺了他的葡萄牙国籍。

剩下的候选人要么合法性存疑，要么血缘较远（继承王位名不副实）。比如说萨伏伊公爵曼努埃尔·费里斯贝托，比阿特丽丝公主之子，还有拉伊侬西奥，其母为布拉干萨公爵夫人卡塔里娜的长姐玛丽亚。但是，还剩下一个人选，一个强势而危险的觊觎者：西班牙国王费利佩二世。他的母亲是葡萄牙公主伊莎贝尔，因此，他也是曼努埃尔一世的外孙和恩里克的外甥。

尽管从政治的角度看起来荒诞不经，但事实就是，恩里克从个人的角度上更认可费利佩二世，而不是安东尼奥。同时，很多葡萄牙贵族宁愿支持费利佩，而不是他们的同胞。后来，臭名昭著的葡萄牙间谍克里斯托旺·德·莫拉给西班牙国王通风报信，把葡萄牙宫廷尚在"秘密"商议的事透露给了他。

时间过得太快了！葡萄牙急需找到解决办法，确定一个真正可靠的继承人，给国家命运一个交代，避免失去独立地位。毕竟，阿方索·恩里克斯筚路蓝缕才建立了这个国家，努诺·阿尔瓦雷斯·佩雷拉曾经用鲜血和信仰捍卫它……恩里克必须当机立断。无论他身边围着多少幕僚亲随，只有他自己才能下决定。他很是烦恼，不断祈祷，权衡个人好恶，精明审慎并充分考虑国家利益……他会做出怎样的决定呢？最终，他做了一个最困难、最荒谬，也注定要失败的决定。

恩里克显然不甘于成为历史上的匆匆过客，也不满足于暂时充当国家政权的担保人，这个困难的决定让他摇摆不定，因为他可能不得不把权力交给一个血缘关系相当远的继承者。恩里克最终决定把葡萄牙的命运握在自己手里。在王室和群臣的支持（毋宁说是压力）下，红衣主教恩里克国王，教皇的候选人之一，以六十六岁高龄，拖着病弱之躯决定结婚生子。他在教会中身居高位，闻名遐迩，备受尊重，如今却决定牺牲自己多年前以葡萄牙之名立下的誓言。为了给葡萄牙留下一位凡俗事务的领导者，他将放弃终生的使命，放弃回应上天永远的召唤。他梦想给葡萄牙诞下一位新国王，一位真真正正、无可争议、名正言顺的国王，那是阿维斯王朝的嫡传血脉。这位国王将带领葡萄牙走向一个和平、安定和繁荣的未来。恩里克决定向民众隐瞒这个决定，让它成为一桩宫闱秘事。这是敏感微妙的问题，大家都不知道他到底想怎样做，可能会忧心忡忡。也有可能是以恩里克的年龄和身份，他只能尽量低调。总之，无论恩里克能不能如愿，保密都是重中之重。

首先，恩里克需要挑选一位王后。奥地利公主伊莎贝尔是法国国王查理四世的孀妻，她的姐姐安娜公主是西班牙国王费利佩二世的王后，她是一个潜在的选项。另一个候选人是玛利亚公主，上文中我们讲到曼努埃尔·费里斯贝托时提到过她，她是布拉干萨公爵的长女[1]。相比伊莎贝尔公主，玛利亚更符合各方的心意。首先，她是葡萄牙人；其次，她的血缘离葡萄牙王室更近。问题是她的年纪太小了，只有十三岁半。可是，恩里克不知道着了什么魔，竟然自掘坟墓。

一天早上，在向群臣传令的时候，国王把一封信交给了一位他十分信任的使者，收信人是他的外甥，西班牙国王费利佩二世。

陛下：

  我是如此坚定地想要履行这份上帝恩赐的国王义务，以至于我甘愿与人结婚。对于我之前的人生，婚姻如此格格不入，可

---

[1] 此处有误。玛丽亚应为吉马良斯公爵长女，其妹卡塔里娜嫁与布拉干萨公爵。

7　反抗上帝、凡人与死神

王公大臣都在建议与请求我结婚生子。他们中有的是我的顾问智囊，有的是代表城市的政府官员，还有的是人民的代表。我明白，很多人都希望我结婚，决心为此向我进谏。但我还没有答应他们，因为我必须先请求陛下您给我一些建议和帮助，以便把事情办得尽善尽美。我必须得把我的想法告诉您，要是能和您一起外出散步，细致地讨论这些问题，那就再好不过了。可是我不可能成行，因此写了这封信给您。如果您有一位年纪合适的女儿，希望她能尽早结婚，传宗接代，那么她肯定是我首要的选择。我相信您有把她嫁给我的仁慈，但我也知道这无法实现，我想求婚一位您的亲近之人，那位曾经的法国王后，您的外甥女和小姨子。有那么多人都想娶她为妻，我也是其中之一。这取决于您的意见和决定，因此，我必须请求您给我一些意见和帮助，让我能把这件事处理好，使它尽可能让上帝满意，对我们两国有利，并且让我和陛下您都高兴和轻松。为我送信的这位使者不知道这封信的内容，我认为目前只应该让陛下您一个人知道这件事，因为您是受上帝保佑的神圣国王，愿上帝保佑您。

1578年9月24日于里斯本
您亲爱的舅舅
国王恩里克

此外，恩里克还得同时在另一个阵线上发起攻势，这就是教廷。天主教会必须接受牺牲这位要员，允许他还俗。10月28日，恩里克的使者若昂·戈麦斯·达·席尔瓦把国王的另一封信送到了罗马。在这封信里，葡萄牙国王按规定请求教皇格里高利十三世允许自己打破独身誓言。

……我希望听到教廷的训令，允许我结婚，我需要，也不得不结婚。赞美我主上帝，祂允许、希望并安排所有事情，令我心中有了这个决心。

我会亲吻教皇陛下神圣的双脚，去朝见您，向您证明我的臣民向我哀求的一切……我向您请求许可和祝福，请求您宽宥我与我将要娶之公主之间的血亲关系。我希望这段婚姻也是侍奉上帝的一种方式，我也希望教皇陛下能代表全能的主给我建议和意见……

如果是我主上帝指引我去完成这个使命，那么我眼下最大的责任，就是把葡萄牙从危机中解救出来，目前王储空悬，必然还会有诸多困难。此外，葡萄牙的贵族与里斯本的大臣都在不断请求我，态度十分坚决，建议我结婚生子，为国家诞育继承人，成为人间王国的统治者与他们的国王。

恩里克多么艰难才写完这两封信？他又多么艰难才领悟上帝开

7 反抗上帝、凡人与死神

示的道路？怎样的信仰促使他采取这个解决办法？在这两封信中，我们找不到答案。这只是个开始，在接下来的几个月里，还有很多信件穿过整个欧洲，送到费利佩二世和格里高利十三世手里。但他们沉默、拖延，不愿给出答复。

众所周知，在16世纪，西班牙帝国实力非凡，它是世界上最大的天主教王国。教皇在做决定前必须特别谨慎，以免与西班牙国王的心意相左。两支权力通常都能和睦相处，因为一般来说，对一方有利的，也必然称另一方的心。举个具体的例子，当时世界还有很多地方尚待发现与宣教。葡萄牙数代国王从一开始就投入了这项事业，就好像是全能的上帝直接把这个任务交给了他们，让他们把上帝的福音传给亿万新教徒。因此，教廷想把福音传遍世界每一个角落，首先必须得经过葡萄牙的最高权力的同意。同样的道理，如果葡萄牙在竞争中落后于西班牙，唯西班牙国王马首是瞻，罗马教廷当然会转向西班牙，以便实现他们把天主教传遍世界的宏愿。

所以，当费利佩二世收到恩里克的信，得知他想娶自己的小姨子时，便立即通知他在罗马的使者向教皇施压，要求他拒绝恩里克还俗的请求。如果教廷希望保持和西班牙之间带来巨大利益的良好关系，就要这样做。格里高利十三世自然就不会同意。教皇从没想过与西班牙对着干。

新的信件从葡萄牙接踵而来，西班牙和罗马的回信也回到了里斯本，内容大同小异：双方齐刷刷对恩里克的困难与窘迫装聋作哑，劝他三思而后行，还提醒他自作主张改变命运，可能会招致上帝的愤怒。他们对恩里克循循善诱，说你一向全心全意侍奉上帝，有没有想过一旦开此先例，可能招致多大的危险？除此之外，费利佩二世还以亲人身份动之以情，提醒舅舅这会导致健康风险，他的身体如此脆弱，如何还能承受得了婚姻的折磨呢？

但恩里克没有动摇。他继续写信，坚持他的请求，澄清自己之前的叙述中也许有不太清楚的地方。他不断强调事情的紧迫性与支持他的必要性。他辩解说自己的所作所为不会触犯上帝，而是上帝所希望的。正是上帝引导他走进了这个死胡同，这是上帝在考验他、栽培他。此外，恩里克还给出了一个很有分量的理由，教会里并不是没有主教还俗的先例。之前在匈牙利出现过类似的情况，教皇曾经批准潘诺尼亚主教卡尔曼还俗，从他叔叔拉斯洛一世手中接过王位。最终他迎娶了一位孀居的王后，让王朝得以延续，避免厄运继续蔓延。

不过那毕竟是匈牙利的事。在葡萄牙，民众仍然惴惴不安。对于恩里克的书信、使者间的协商以及教廷和王宫中密谋着的计划，他们一无所知。16世纪，一切都由欧洲最有权势的人控制。有人认为恩里克已经纯粹丧失了理智，因此对国家大事漠不关心。或许是因为病入膏肓，又或许是因为风烛残年，他竟然任漩涡在他脚下展开，整个国家都会卷进去。葡萄牙那些有权有势的人都前往王宫参见恩里克，请求他尽快指定一位继承人。但是，国王决定守口如瓶，只有他本人和少数亲信才能知道真相。

然而，亲信们对恩里克的情况越发讳莫如深。他的健康状况不断恶化，旧疾持续发作并伴有出血，甚至一连几周下不了床，很多时候都只能躺着接见使者，并且在"病房"里召开决定葡萄牙前途命运的关键会议。他完全不知道西班牙和罗马发生的事，那些人本该最后知道他的窘状，却最先掌握了情况。费利佩二世什么都知道，这都是克里斯托旺·德·莫拉干的好事。西班牙国王和教皇已于暗中制定了计划和策略，恩里克却向他们请求一点点的仁慈，一点点的理解，希望他们看到一位老者为了延续王室血脉而心力交瘁，看到他颤抖着的双手上已伤痕累累。他服用着医生提供的壮阳药，从不露面，深居宫中。他从上帝那里得到了力量，坚信政治和宗教上的问题会得到解决，他也会有能力留下后代。

时间在流逝。幽灵日渐频繁地在王宫窗棂上飘荡。信件源源不断，写满拒绝、搪塞、意见和需更久更深考虑的请求。那是 16 世纪，没有火车，没有电报，没有电话，没有电力，没有内燃机，没有人造卫星，没有传真，没有电子邮件，没有手机信号，也没有跨洋电缆用一根细细的管线来传输一切信息。传递信息全靠马跑，手写的信件用火漆封好，装进马驮着的褡裢里，信使骑上马，跋涉在碎石子路上，前往遥远的地方。然而，无论是 16 世纪还是 21 世纪，生命流逝的速度都是相同的。无论什么信件，什么请求，什么目的地，一趟都要花上好几个月。死神的气息渐渐逼近，发信的国王在寒冷的房间里瑟瑟发抖,承受着孤独与恐惧,竭尽全力撑下去。

但是,无论什么时代理由,无论什么技术上的延迟,都不能合理解释教皇格里高利十三世的一再拖延。双方通信几个月后,教皇委派特使安东尼奥·马里亚·萨奥里来到里斯本拜访恩里克,当面说服他死了这条心。

萨奥里抵达里斯本,稍作安置便去拜见红衣主教国王。不过,这位不速之客并没有动摇恩里克。国王不但分毫不让,相反,他让特使带着他的特别请求回禀教皇。国王尤其强调他不明白为什么教廷对他的请求装聋作哑。他恳求教皇三思,慎重地考虑拒绝他请求的后果。恩里克其实已无法掩藏心中的绝望。

1579年5月12日,安东尼奥·马里亚·萨奥里离开了里斯本。恩里克预感到特使会对教皇说些什么,为了保险,他又给格里高利十三世寄了几封信,坚持要教廷答应他之前的请求。但是,教皇坚持说要先听取萨奥里的禀告,然后才能做出最终的答复。

然而,萨奥里到达马德里之后,奇怪地礼节性停留了过长时间,一路舟车劳顿,7月14日方抵达巴塞罗那。为了向意大利进发,他们等了一个月,看一看东西都准备好了吗?太不爽了,稍后再说吧!他就是不露面,一会儿可以走,一会儿不能走。仿佛还不行,他感到身体不适,谁知道是怎么回事呢?反正他就是不舒服。一会儿恶心反胃,一会儿头疼发烧,反正有什么病缠上了他,而医生不知道该怎么解释。教廷的国务枢机卿红衣主教科莫对此十分担忧和谨慎，特使的身体是头等大事，可不能闹着玩。科莫特向萨奥里修书一封，允许他在抵达意大利境内后，在热那亚停留休息，直到他的身体完全康复。

萨奥里直到9月4日才到达热那亚。在热那亚休整时，他又收到了科莫的一封写于12月29日的信。科莫在信里重申，特使没必要着急赶回罗马，希望他好好休息，想休息多久就休息多久。红衣主教还提醒特使，即使国际局势十分紧张，也没必要冒着生命危险赶路。国务枢机卿对安东尼奥·马里亚·萨奥里身体健康的关心简直是骇人听闻，真让人感动不已。

不用再等下去了。1580年1月31日，红衣主教恩里克度过了六十八岁生日，但他感到虚弱至极。他决定不参加任何庆典。夜幕降临时，他死在他两年来管理国家的那张床上。葡萄牙从未想过让他成为国王，他也从未渴望成为葡萄牙国王。他临死时，围在他身边的有神父莱昂·恩里克斯和若热·赛朗，以及修士达米昂和路易斯·德·格拉纳达。除此之外，别无他人。没有一位家人在国王死时陪在他身边。他没有王储，也没有妻子。

恩里克生前完成的最后使命是从凯比尔堡赎回了众多俘虏。他没能获准结婚，没能找到结婚的对象，人们也不知道如果他结了婚，究竟能不能留下一个孩子。他也没能找回塞巴斯蒂昂的遗体，这让葡萄牙人民在之后的几十年里都沉浸在空洞的期待中，盼望有朝一日后者会回到葡萄牙，把葡萄牙痛失的荣耀和胜利带回来。

恩里克任命一个顾问委员会替他做了那个他做不了的决定：下决心选一位可行的继承人。这也许是恩里克一生中做的最后一件事。这个委员会选择把王位交给费利佩二世。这就相当于选择把葡萄牙拱手交给了西班牙。

不过，在其他势力的支持下，克拉托修道院院长安东尼奥——也就是恩里克嫌弃的那个侄子——拒绝接受这个决定，自己宣布为王。虽然葡萄牙难逃西班牙的统治，但是至少我们多了一个故事可讲。

8

葡萄牙是一座岛，安东尼奥是它的王
唐安东尼奥，克拉托修道院院长

大约一小时前，西班牙的先遣部队在茹德乌港附近的萨尔加小海湾登陆。他们开始爬坡，进入撂荒的牧场，在那里等待主力到达。主力部队有一千名士兵，分为十个营。这时，他们依稀瞥见一个女人的身影，正站在石头砌成的高墙上向他们挥舞手臂。开始只是个圆润的剪影，后来逐渐看出发红的面容与肥硕的臀部，她正用尽平生所知的所有骂人话辱骂全体西班牙人。她语气坚定，不知疲倦，一遍又一遍冲西班牙人喊："我们支持唐安东尼奥，我们支持唐安东尼奥！"刚刚登陆的西班牙士兵面面相觑，认定这是个疯婆子，爆出阵阵大笑。他们你一言我一语评论着，若是岛上的哨兵都像这个女人一样，夺取岛屿的任务就会比想象中简单多了。

西班牙人不知道的是，在他们视线之外，在这个名叫布里安达·佩雷拉的女人身后，有三十二个特塞拉岛士兵，正紧贴在地上，紧靠着石墙，准备释放公牛，攻击入侵者。

与此同时，在不远的地方，一支由当地人组成的部队正在向茹德乌港行进。他们之前连兵器都没摸过，现在却要践行在十字架前许下的诺言。不久前，在英雄港[1]的一座小教堂里，在神父阿方索·卡佩拉的感召下，他们发誓将殊死抵抗西班牙入侵特塞拉。他们和布里安达一样，高喊支持克拉托修道院院长安东尼奥的口号，他们的战友朝着萨尔加海滩的方向放出了公牛。

很快，在乱石林立的高地上，西班牙军队的指挥官佩罗·巴尔德斯惊恐地看到一群公牛正向他们冲来。尽管士兵们在海上和陆上征战多年，但还是第一次见到这样的景象，不禁惊慌失措。那一团黑影发出巨响，在原野上卷起尘土和恐惧，如同巨浪般滚滚而来。士兵们恐慌地尖叫着，四散逃窜。一片混乱中，士兵纷纷倒地，消失在牛背和牛蹄之下，面对这群发狂的野兽，他们太过害怕，不能组织起任何反击，只能任凭它们毫不留情地全力冲来。

公牛扫荡战场之后，那三十二名葡萄牙士兵从藏身的石墙后出来，把公牛赶到一起。尘埃逐渐落下，布里安达·佩雷拉的身姿又一次清晰可见，在入侵者的眼中，她仿佛一座黑色雕像，伫立在初次发现她的地方。西班牙人显然分析有误，那个女人不再是个疯婆

---

[1] 英雄港是葡萄牙的一座城市，位于亚速尔群岛中的特塞拉岛，是亚速尔自治区的三个首府之一。

子,而是一位指挥天兵天将的将军,一位驾驭自然力量的统帅,一位把永恒的生存视为战术基础的领袖。布里安达的身影在高墙上摇晃着,似乎在模仿动物摆动身体。

那支鲜为人知的当地人部队从英雄港的教堂出发,赶到战场时正好目睹这个奇景。他们相信自己受上帝保佑,会把使命坚持到最后一刻,捍卫国王的荣誉。他们要给敌人致命的一击,赶忙去对付逃过牛群袭击的残存敌军。

佩罗·巴尔德斯凝视着那个女人,他有些恍惚,分不清是那个女人还在继续喊叫,还是他的脑海中出现了幻觉,他只是听到那个声音一遍一遍地在耳边重复:"我们支持唐安东尼奥!"指挥官看了这惨败的战场最后一眼,他曾有一千名训练有素、装备精良的士兵,此时却只余残部,士兵尽其所能地扛着伤员和同伴的尸首逃向战舰,乞求这些不懂作战的敌人放自己一条生路。巴尔德斯目睹了这场屠杀,他从山坡上下来,匆匆忙忙逃窜。他一头扎进海里,拼命游向一艘小艇,乘着它逃回战舰。上船后,他低声下令起锚。还没逃回的士兵不得不更拼命地游。此时一片风平浪静,他远眺着海滩。巴尔德斯凝视着一个小黑点,那可能就是布里安达·佩雷拉。他不由诅咒起那个女人不断呼喊的那个名字:安东尼奥,安东尼奥!

1531年,安东尼奥出生于里斯本。他的父亲是路易斯王子,祖父是曼努埃尔一世。从父系而论，他的王室血统毫无争议。合法继承葡萄牙王位的争议主要出在他母亲身上。维奥兰特·戈麦斯，绰号"雌鹅鹕"，有人说她是个小贵族的女儿，路易斯王子爱上了她并和她秘密结婚。也有人说她其实生于一个犹太家庭，也就是说，她是个"新基督徒"。考虑到在不久前的曼努埃尔一世时期，葡萄牙曾经驱逐犹太人并把他们的孩子交给基督徒家庭抚养，这可是个相当严重的指控。这样的怀疑以及随之而来的先入为主的偏见，加之路易斯王子身为葡萄牙的马耳他骑士团团长，绝不应未经教皇允许就结婚生子，导致安东尼奥在很长时间里都只被视作一个私生子。葡萄牙王室有众多名正言顺的王子和公主，人们怎么也想不到，有朝一日安东尼奥竟然会成为国王的人选。

安东尼奥是在许多宗教人物的陪伴下成长起来的，比如他的叔叔红衣主教恩里克、他求学科英布拉时的导师弗雷·巴尔托洛梅·多斯·马提雷斯，以及在埃武拉指导他学习神学的众位耶稣会神父。因此，安东尼奥毫不意外地成为祝圣执事，在马耳他骑士团里授课，后来又子承父业，当了克拉托修道院院长。

但后来的故事谁也没料到。安东尼奥拒绝过教士生活，决定过世俗生活。他耽于行乐，或者如一些人所说：放浪形骸。安东尼奥的行为或许可以说明为什么在 1592 年会出现一本题为《忏悔诗》的作品。这本书是真真正正的悔悟作品，人们认为安东尼奥是其作者。不过，实际情况是这样的：安东尼奥开启了一场让他受损终身的战争。1565 年,他被教皇庇护四世剥夺了修道院院长的职位,并招致他叔叔红衣主教恩里克和摄政的卡塔琳娜王后对他永远的厌恶。

尽管在国内声名狼藉,但作为曼努埃尔一世的孙子,安东尼奥还是找到了一条体面的出路。他被任命为丹吉尔的总督,很快就前往非洲就任新职。正是在非洲,安东尼奥遇到了他一生中以及葡萄牙历史上最具决定性的时刻。

1578 年 8 月 4 日,安东尼奥成了三王之战中一万六千名幸存士兵之一,眼睁睁看着九千名士兵战死沙场,国王塞巴斯蒂昂不知所终。他也成了一万六千名落入敌手的俘虏之一,被关进了苏丹的地牢。安东尼奥具有王室血统,又担任要职,本该成为最奇货可居的俘虏,可安东尼奥聪明机智,又撞了大运,竟然说服敌人得出了相反的结论,以为他只是葡军中一个可怜的无名小卒。结果,他成了第一批重获自由的战俘,花的赎金还比许多其他俘房少得多。

正如我们所知,塞巴斯蒂昂失踪前未留下子嗣。更重要的是,他的失踪导致阿维斯王朝后继无人,因为他的祖父、父亲和所有的叔叔们都已离世。因此,为了给葡萄牙找一位新国王,不但要跳出正统的血亲关系,还得祈祷一切进展顺利。安东尼奥前脚回国,后脚就成了最热门的王位候选者。但摄政王红衣主教恩里克很快便否定了这种可能。作为安东尼奥的叔叔,恩里克不喜欢他。安东尼奥的过往成了争议焦点:他不但行为荒唐,而且身份可疑,是"新基督徒"的母亲生下的混账儿子。在一种难以置信的短视中,红衣主教接过了王位。王位继承的问题仍然在那里，只不过暂时得以延后。

尽管国家最高利益应当优先于家庭矛盾，可叔侄之间的关系还在不断恶化。1579年11月23日，红衣主教恩里克国王决定斩草除根，他查抄了安东尼奥的财产，把他驱逐出境并剥夺了他的葡萄牙国籍。不过，这也是恩里克一生中做出的最后行动了。第二年的1月31日，恩里克在与死神漫长的斗争中败下阵来，既没有为葡萄牙找回塞巴斯蒂昂的遗体，也没能给国家一个符合要求的继承人，甚至没有勇气任命一个替代者。

恐惧、野心和妄想终于得到了一片自由生长的土壤。由五人组成的王国管理委员会无法为国家前途做出抉择，此时，争夺者纷至沓来，各出奇招，只为证明自己具有所谓的"血缘上的合法性"。

若昂三世的后代已断绝，人们不得不追溯到曼努埃尔一世，从他的子嗣中挑选替代者，以延续王朝血脉。于是，我们找到了"幸运儿"曼努埃尔一世的四位孙辈。一是布拉干萨的卡塔里娜，不幸成为这份名单上唯一的女性。不过，也只有她是曼努埃尔一世的亲孙女，她的父亲是曼努埃尔一世的儿子杜阿尔特王子。二是萨伏依公爵曼努埃尔·费利斯贝托，他是比阿特丽丝公主的儿子。三是西班牙国王费利佩二世，他是伊莎贝尔公主的儿子。四就是克拉托修道院院长安东尼奥，路易斯王子的儿子。按理说他应该是曼努埃尔一世的亲孙子，但是有人怀疑他是私生子。除了他们四个，还有一个飘荡着的幽灵：塞巴斯蒂昂。即便人们无法寻获他的遗体，他也会活在人民的心里，抚平他们的伤痛，恢复他们的力量，让他们在任何时候都能在地平线上组织起一支救国军。

很快，安东尼奥和西班牙国王费利佩二世在竞争者中脱颖而出。但双方的策略却恰恰相反，前者靠的是人民，后者靠的是权势。安东尼奥唤起了1383—1385年危机时的精神，彼时形势与此时颇为相似，葡萄牙人民凭借爱国情怀团结在一起，拥戴若昂一世，反对卡斯蒂利亚的胡安。人民加入了这次冲突，站在了安东尼奥这边，拒绝向西班牙人投降。然而相当多的贵族和教士却站在了另一边。费利佩二世用流传已久的所谓"伊比利亚共主联盟"引诱他们，也就是一个君主统治两个各自保留主权的王国。这样做的好处是葡萄牙能获得迫切需要的财政稳定。还有一个重要因素令西班牙国王受益：葡萄牙人害怕王位继承的问题恶化为军事冲突。因为他们的军队已经在三王之战中覆没，在这场冲突中毫无胜算。然而，无论是否要付诸武力，费利佩二世都还有另一张牌可打，那就是收买葡萄牙的达官贵人。这是个经典的命题，在历史上一次又一次地上演，全世界莫不如此。

然而，葡萄牙的爱国者不会屈服。6月19日，在圣塔伦主教堂，人民拥戴安东尼奥成为葡萄牙国王。里斯本和塞图巴尔也相继效仿。很快，这可怕的鲁莽之举就招致了费利佩的报复。

几周后，西班牙国王命令阿尔瓦公爵费尔南多·阿尔瓦雷斯·德·托莱多武力攻取葡萄牙。他水陆两面齐攻，陆上有一支准备充分的大军，海上则派出一支舰队从西班牙北部一路南下。卡斯凯什、圣茹利昂、贝伦和卡帕里卡望风而降。安东尼奥只有召集起部队才能抵御敌军，可是国内有在费利佩的收买和威胁下变节的内应，在国外向法国和英国求援的消息又迟迟不能送达。安东尼奥什么都没有，除了一小支部队，在阿尔坎塔拉河的左岸等待着阿尔瓦雷斯公爵。

8月25日，战斗很快分出胜负，只持续了不到半个小时，但已足够让几千士兵尸横遍野，安东尼奥负伤逃走。他后来逃往法国，而在第二年4月的托马尔议会[1]上，西班牙的费利佩二世正式成为葡萄牙国王费利佩一世。

安东尼奥不会放弃战斗，费利佩深知这一点。这位新加冕的葡萄牙国王甚至公然宣布悬赏8万杜卡多金币捉拿那个孤立无援的叛乱者。费利佩同时还得和另一位对手做斗争，那就是我们之前提到过的在三王战役中失踪的国王幽灵。

因为人民期盼塞巴斯蒂昂回归，费利佩派人把一具所谓的"寄

---

[1] 1581年，西班牙国王费利佩二世武力征服葡萄牙全境后，同葡萄牙贵族、教士和平民三个阶层代表在托尔马修道院谈判王位继承事宜。最终，费利佩二世被承认为葡萄牙国王，统治西、葡合并后的王国联盟，但葡萄牙保留了形式上的独立以及一部分自治管理的权力。

厚望者"遗体从非洲运回圣热罗尼姆修道院。可是，费利佩费尽心机和金钱，却不能让人民心悦诚服。那具遗体至今仍安放在华美的大理石棺椁中，与卡蒙斯、瓦斯科·达伽马葬在一起。但没有任何证据能确认它究竟是塞巴斯蒂昂的遗体，还是另一位不幸的人。也许这个人从来都没有做过国王，甚至都不一定是葡萄牙人。无论在当时还是现在，都没做过任何验证。塞巴斯蒂昂主义的传说和神秘就此诞生。如果不重视这些故事，就无法理解葡萄牙这个国家。

就在那段时间，还有一个有趣的现象，出现了很多自称是塞巴斯蒂昂的人。其中有几位因为演技出色，还真让不少人相信了他们。他们几乎都遭到了抓捕，其中一人还被绞死。

战争还没结束，仍然没有。到1581年，前往法国和英国寻求支持的安东尼奥最终在亚速尔找到了支援。和许多亚速尔人一样，特塞拉岛市政官西普利奥·菲格雷多·巴斯孔塞洛斯也认为费利佩不过是个篡位者。对他而言，葡萄牙的王位仍然属于在圣塔伦即位的安东尼奥，即便他已流亡国外。

这一年年初，蓬塔德尔加达[1]市政府宣布圣米格尔岛改旗易

---

[1] 蓬塔德尔加达是葡萄牙亚速尔自治区的行政首府和最大城市，位于亚速尔群岛中面积最大和人口最多的圣米格尔岛。

帜，支持西班牙的费利佩。安布罗斯·德·阿吉亚尔·科蒂尼奥被任命为亚速尔群岛总督，一同前往的还有马丁·阿方索·德·梅洛，他们的主要任务就是除掉西普利奥·菲格雷多·巴斯孔塞洛斯。然而，总督的努力落了空，西普利奥很快就迫使他返回了圣米格尔岛，也让他意识到整个特塞拉岛——可能有必要强调一下是"整个"特塞拉岛——都支持安东尼奥。

7月25日，在萨尔加海滩，天刚刚亮起来。佩罗·巴尔德斯指挥着一千名西班牙士兵来到这里，决心要让西普利奥和他手下的特塞拉岛民为他们的胆大妄为付出代价。然而，一群愤怒的公牛在毫无预料的情况下加入战局。布里安达·佩雷拉高据在一堵小石墙上，仿佛一位女王站在高高的城楼上，她摇晃着、呐喊着，直到战斗结束："我们支持安东尼奥！"

有的士兵在牛蹄下逃过一劫，可特塞拉岛的民兵不会放过他们。很多士兵在逃跑时穿着沉重的铠甲，溺死在海里。只有极少数逃回了战船，活着回到西班牙，讲出了这段故事。寂静降临萨尔加，海浪在礁石上留下清晰可见的痕迹。这场血战后的场面难以描述，但这确实是一场大胜。把从山谷坠入海滩的士兵尸首埋好后，指挥官西普利奥把敌人的旗帜拖在地上，一路走到英雄港。整个城市像对待古代的英雄一样为他庆功。佩罗·巴尔德斯也终于来到费利佩面前，讲述了事情的前因后果。对葡萄牙人来说，即便西班牙人的报复迟早会来，但这一天也应该用来骄傲地庆祝自己

8 葡萄牙是一座岛，安东尼奥是它的王

的反抗义举。

因为萨尔加之战，特塞拉岛以及亚速尔群岛中部和西部的岛屿都脱离了费利佩的统治。这样一来，葡萄牙本土、马德拉岛和亚速尔的东部岛屿支持一位国王，而亚速尔的另外七座岛支持另一位。这位殷勤亲切、深得民心却几乎被排挤出局的国王将会前来登上王位。

就在 1581 年，安东尼奥从法国赶来，在岛上登陆。西普利奥和其他岛上的重要人物一起去迎接他。尽管西普利奥已经帮国王实现了愿望，但这还是他们第一次见面。当地的要塞纷纷鸣炮纪念这个历史性的时刻。

在两年的时间里，这座之前从未见过国王的小岛几乎独占了整个国王。安东尼奥下令加强英雄港的防御力量，还行使了只有国王才拥有的铸币权，为同西班牙展开斗争做好了准备。

这一天最终在两年后到来。威名远扬的指挥官阿尔瓦罗·德·巴赞曾在勒班陀战役[1]中取得大捷，他的部队无论在兵员、战舰还是武器方面都远优于上次试图镇压萨尔加叛乱的部队，他的舰队开进了亚速尔海域。在一番惨烈的战斗后，亚速尔的抵抗

---

[1] 勒班陀战役，或译勒潘陀海战，是欧洲基督教国家联合海军与奥斯曼帝国海军在希腊勒班陀近海展开的一场海战。由西班牙帝国、威尼斯共和国、教皇国、萨伏依公国、热那亚共和国及圣约翰骑士团组成的神圣同盟舰队通过一整天的战斗击溃了奥斯曼海军，令奥斯曼帝国从此失去了在地中海的霸权。

军投降。1583 年，葡萄牙全境最终落入费利佩之手。

不过，安东尼奥又一次逃脱了。

在朋友家中躲藏了数月后，他再次设法通过一些途径和关系逃到国外。在英格兰，他获得了伊丽莎白一世的支持，坚持不懈地为葡萄牙恢复独立努力。但即使是著名的弗朗西斯·德雷克亲自率领的军队也没能夺回大权。他们在接近葡萄牙海岸时染上了瘟疫，不得不撤回国内。他们还尝试在佩尼谢、里斯本和圣义森特角登陆，可都由于不同的原因以失败告终。

那些年里，千金散尽的安东尼奥无法再保障生计和支持。他靠着法国国王亨利四世给他的一笔钱挨过了最后的日子。1595 年，安东尼奥死在巴黎。在葡萄牙，甚至没有人注意到他的死讯。他留下了众多子孙，家族不断扩大，后人一直延续至今，主要扎根在欧洲中部。因为是国王私生子的后代，这些人将不会出现在葡萄牙王室后来的故事里。

葡萄牙王室中一位争议人物的颠沛人生就这样结束了。在有些人眼里，安东尼奥从来不是国王。也有人认为，他只是从在圣塔伦被人民拥立上台到阿尔坎塔拉战役失败之间当了短短两个月的国王。还有人认为，他在位的时间应该是三年，这三年里，独立的葡萄牙只剩下特塞拉岛和其他六个支持安东尼奥的岛屿。很多历史学家在讲到葡萄牙国王的谱系时连提都不愿意提克拉托修道院院长安东尼奥的名字。他们认为，阿维斯王朝在红衣主教恩里克那里就结

8 葡萄牙是一座岛,安东尼奥是它的王

束了。而安东尼奥只不过是1578—1580年危机的主角之一。这场危机的结果是费利佩一世上台,以及随之而来的第三个王朝,费利佩王朝[1]。也有人做出了相反的解读,认为安东尼奥才是阿维斯王朝的第九位,也是最后一位国王,也就是整个葡萄牙历史上第十八位国王。

双方分歧的关键在于关乎安东尼奥出身的古老疑问。如果我们能确定,安东尼奥是克拉托修道院院长与一位"新基督徒"媾合的结晶,那他只不过是个私生子,为了本不属于自己的王位而战。但是,近来的研究指向了相反的答案。在埃武拉主教座堂,有文献提及路易斯王子的岳父佩德罗·戈麦斯的名字,说明那段婚姻确有其事。这是一段正式的婚姻,那位被称为"雌鹈鹕"的维奥兰特的家庭,并非真的如此神秘。另外,安东尼奥的母亲,这位维奥兰特,很可能是在阿尔莫斯特修道院度过了余生。如果真如诋毁者所言,她是个犹太人,那这一切就太说不通了。最后,我们还不能忽略王室给予安东尼奥的教育和委以的重任,包括他苛刻的叔叔恩里克。这一切都不太像一个仅被认作私生子的孩子能够得到的待遇。如果不是恩里克的嫌恶和偏见,安东尼奥本可以直接从塞巴斯蒂昂那里继承王位,避免恩里克在位那两年所受的罪,或许也能避免葡萄牙失去独立。

---

[1] 葡萄牙第三个王朝,又称哈布斯堡王朝。

费利佩一世死后，费利佩二世和费利佩三世先后继承葡萄牙王位。葡萄牙在总共六十年的时间里——从特塞拉岛沦陷开始算的话是五十七年——受到西班牙的统治。如果说第一位国王加冕后还在葡萄牙住过一段时间，那费利佩二世就只越境访问过葡萄牙一次，费利佩三世在其在位的十九年里更是从未踏足葡萄牙。这种渐渐的离弃一点点消耗着那些金钱诱惑下的变节者对"伊比利亚共主联盟"的信任。

帝国状况的恶化滋长了对费利佩王朝的不满情绪。一方面，国家主权的丧失令里斯本丧失了在世界传教运动中的首要性。罗马教廷亲自取代了它在这项使命中的地位。另一方面，西班牙人决定对英国和荷兰商人关闭葡萄牙港口，导致这两个国家决定直接从东方的产地进口商品。结果众所周知，英国人和荷兰人驶向印度，夺走了葡萄牙相当多的份额。

灾难不止于此。在被西班牙派去参加一场对英国的海战后，葡萄牙人眼睁睁地看着自己的舰队遭到灭顶之灾。

独立运动开始积蓄力量。经过二十八年的斗争，葡萄牙最终在 1640 年 12 月 1 日恢复了主权。安东尼奥没看到这一天。不过，当时登上王位，成为葡萄牙第四个朝代开朝国王的是若昂，也就是若昂四世，他是安东尼奥的堂姐布拉干萨的卡塔里娜的孙子。在六十年前那场令葡萄牙地动山摇的著名危机中，这位公主也曾是王位的候选者之一。

9

缅甸之王
费利佩·德·布里托

缅甸是亚洲南部的一个大国，1989年军政府上台后称为缅甸联邦共和国。正如当今国名中"联邦"二字所表明的那样，缅甸并非一个拥有统一文化和种族的单一民族国家，而是建立在一片几个世纪以来被冲突和殖民分割撕裂的土地上。费利佩·德·布里托是16世纪时里斯本一个卑贱的烧炭工。没有人料到他会死在缅甸，更没有人料到有朝一日他会在亚洲的一隅成为国王。

费利佩·德·布里托·尼古特大概生于1566年，出生地大概是里斯本。据推测，他母亲名叫马奎莎·德·布里托。这里的"马奎莎"是个名字，而非侯爵夫人头衔。他父亲是个法国人，名叫儒勒·尼古特，后来按照葡文的拼法改成了儒利奥·德·尼古特。儒利奥大概是著名的法国语言学家让·尼古特的兄弟——总要加一个"大概"。让·尼古特在1559年到1561年在里斯本担任法国驻葡大使,他组织编写了最早的法语词典,还把烟草传进了法国宫廷。因此,有人说,他的姓"尼古特"是"尼古丁"一词的来源。

然而,对费利佩来说,拥有多少显赫的亲戚并不重要。如果之前说的出生日期是准确的,那他可能从少年时期起就在为温饱辛苦奔波。他是个烧炭工,当他一身漆黑地走过街道时,也装不成干别的工作。

我们现在置身于葡萄牙帝国全盛时期的首都里斯本,这个帝国的势力遍布大西洋诸岛、非洲的东西两岸、印度、中国、日本、巴西……可是,费利佩和千千万万人一样,希望离开这座首都,去山高水远的地方试试运气。里斯本有瘟疫、死亡和恐惧。没人知道远方有什么,因此,可以有一切,包括幸福。

于是,尽管不知该去往何方,尽管对未来一无所知,尽管不知该做什么,但费利佩相信命运、挑战命运,和许多人一起,摩肩接踵地登上商船,与许多人一起,把目光投向了大海,试图找寻未来。某一天,费利佩朝着神秘的东方启程了。

旅行持续了一年。有人死在途中,幸存下来的人选择在不同的港口下船。他们展开探险、经营贸易、与当地女子通婚,或者成为雇佣兵,为土著领主效力。也有人选择了大海,成为海盗,从此再无还乡之日。

费利佩最初的选择是什么?我们不得而知。他在哪个港口上了岸?他是如何在短短几年里成功深入亚洲腹地的?又是怎样的机缘巧合下他前往松迪布岛？没人知道。成千上万的无名氏离开里斯本去葡萄牙的海外领地冒险，怎么可能把他们的故事一一记录下来？但我们再次听到费利佩的消息时，他已经在缅甸的这座岛上了。16世纪末，他在那里贩盐。尽管当时葡萄牙已经落入西班牙的费利佩二世之手，但它的海外领地仍然保持着自治。对于像费利佩那样迷失于庞大而闷热的丛林中的人而言，伊比利亚半岛太遥远了，他们不在乎谁成了那里的新王。

有几年时间，缅甸基本完成了统一。1540年左右，缅甸的小王国东吁打败了勃固河流域强大的孟族人[1]王国，统一了"下缅甸"[2]。16世纪50年代，他们接连攻占了上缅甸、曼尼普尔、清迈和一些掸族[3]人的领地。再后来，他们占领了暹罗的大城王国，并最终在1574年统治了澜沧王国[4]的老挝人。然而，七年后勃印

---

[1] 百濮的一支，他们的文化与缅族文化相似，多数分布于掸邦、孟邦与伊洛瓦底河流域。

[2] 是缅甸的一个地理区域，包括低洼的伊洛瓦底江三角洲及沿海地区。在缅甸语中，上缅甸的人通常被称作a-nya tha，而下缅甸的人则被称为auk tha。从历史上说，下缅甸指的是1852年的第二次英缅战争结束后，缅甸被大英帝国吞并的部分，加上之前英方在1826年控制的阿拉干王国和丹那沙林。

[3] 缅甸掸邦的壮侗语族，自称"傣"。"掸"是缅族对他们的称呼，可能是暹罗一词的讹传。

[4] 法昂于1353年建立的一个王国，为老挝历史上第一个统一王朝，又称南掌王国。

囊[1]的离世引发了混乱。大城王国的暹罗人是反抗缅甸侵略时间最长的民族之一。他们摆脱缅甸王国的控制,驱逐压迫者。战争一触即发,拨开松迪布岛的晨雾,费利佩·德·布里托看到了他长久以来期待的机会。他做过烧炭工,做过盐贩子,也许还做过很多历史上没有记载下来的工作。而现在,他要应征成为一名赏金士兵,也就是雇佣兵。

勃印囊死后,他的儿子南达勃因[2]继承了王位,成为东吁王朝第四位国王,统治着缅甸王国。然而,年轻的国王没有继承父亲的威信,难以遏制他的那些兄弟——东吁、卑谬和阿瓦的总督们——的野心。悉利密达是明帕朗的儿子、阿拉干[3]国王,他支持总督们发动叛乱,费利佩·德·布里托加入的就是他的部队。1599年,费利佩和另外一位葡萄牙雇佣兵萨尔瓦多·里贝罗·德·索萨被提拔为"队长",向勃固直接发起进攻。这座城市此时已经变成了东吁的都城。在将城市洗劫一空后,他们又攻入王宫,俘虏了南达勃因本人。

几天后,费利佩和萨尔瓦多来到悉利密达面前,带着后者在这

---

[1] 勃印囊,《明史》称之为莽应龙,缅甸东吁王朝的统治者之一,德彬瑞蒂的继承者。1551年至1581年在位。1551年勃印囊打败自己的弟弟东吁王明康,即位于东吁,两年后灭亡了孟族政权,建都于勃固(旧名汉达瓦底)。勃印囊在缅甸广泛受到崇敬,被冠以"大帝"的尊称。

[2] 《明史》作莽应里,缅甸东吁王朝君主,1581年至1599年在位。

[3] 今天的若开邦。

次"出猎"中最心仪的战利品：国王本人。悉利密达随即登上王位，作为对费利佩和他的雇佣兵杰出功勋的奖赏，新王把沙廉港赏赐给了他们。

用一座港口换一座王国？不算少啦。沙廉港是缅甸最重要的港口，坐落于仰光地区的勃固河畔，距入海口三英里，整个地区的贸易都通过这里转口。国王的本意是让他出色的统帅去缉捕勃固人中的漏网之鱼，可费利佩看中的是这片地区的其他潜力。

费利佩觐见悉利密达，提议在沙廉港修建一座海关，由他亲自管理，控制整个地区的贸易，确保来往的每一艘商船都向国王纳一笔税金。面对这个利益丰厚的大好愿景，悉利密达连眼睛都没眨就答应下来。费利佩·德·布里托得到了国王的完全信任，可以按照他的想法自由行事。悉利密达只需要在遥远的王宫里阅读他的侍从杉尼亚达拉写给他的相关报告。

工程动工，进展顺利。但杉尼亚达拉很快就意识到事情不妙。看过建筑师若昂·达里诺（Tharyno，沙廉现在的名字 Thanlyin 可能来自这个名字）的图纸，以及石头和石灰筑成的建筑后，他意识到费利佩在修建的不是一座海关，而是一座堡垒。

实际上，葡萄牙人并非仅想获得国王的信任，用收来的税讨他的欢心。他的目标是建起一座基地，从这里出发征服整个王国。亡羊补牢，未为晚也，杉尼亚达拉派兵包围了堡垒，禁止除多明我会会士贝尔彻尔·达卢斯以外的葡萄牙人靠近。但费利佩迅速采取行动，唤来萨尔瓦多·里贝罗·德·索萨和另外两位军官——若昂·德·奥利瓦和保罗·多雷戈，召集了五十名亲信，他们大多不久前才跟随费利佩打败并生擒南达勃因。雇佣兵们出其不意地发动进攻，不多时就完全控制了堡垒。

然而，杉尼亚达拉从攻击中全身而退，逃往附近的一座岛屿。他集结了一千名士兵发起反攻。可是，那是在孟族人的地盘上，没人会出于爱国情怀为阿拉干的国王冒生命危险，他们必须得有利可图。杉尼亚达拉于是入侵了地甘寺，洗劫了财宝，分给雇佣军，预备复仇。不过费利佩迅速作出反应，仗着国王的宠信，他向国王呈上一份报告，指责杉尼亚达拉是个强盗，劫掠了一处圣地，以饱下属私囊。悉利密达听闻后十分震惊，不再支持杉尼亚达拉，任费利佩对沙廉紧张的局势作出裁断。

费利佩大获全胜。他返回堡垒，完成了工程建设。不多时，这座葡式堡垒就在勃固河入海口拔地而起。现在，只需住在果阿的总督开一开口，这块土地便能正式成为葡属印度的一部分。费利佩·德·布里托·尼古特不久便出海进行这次外事访问。陆地上有萨尔瓦多·里贝罗·德·索萨在，足以镇守沙廉要塞。

把萨尔瓦多和费利佩·德·布里托混为一谈是不对的。他们是有一些相同之处，比如都离开了葡萄牙，来到潮湿闷热的印度支那。但是，他俩有一个本质上的区别：野心。费利佩不知餍足，而萨尔瓦多则局限于把他必须干的活做好，没有太大的志向。

萨尔瓦多·里贝罗·德·索萨出生在吉马良斯地区的隆费，出生年月不详。他的身世不像费利佩那么可怜。萨尔瓦多的父亲叫弗鲁托索·冈萨维斯·德·索萨，他就在父亲的庄园里长大。更重要的是，萨尔瓦多是个军人。1587年3月26日，他作为弗朗西斯科·德·梅洛部队的一员，出发前往印度。他至少还有两个兄弟也去了印度，可能是和他一起去的，也可能比他去得更早。

萨尔瓦多在印度服役七年，军旅生涯大获成功。任务完成后，他本想返回故乡。他必须回去领取他应得的报酬，除了自己服役的部分，还有他两个英勇战死的兄弟的抚恤金。萨尔瓦多不得不把这两个兄弟埋葬在印度，虽然理论上讲那里也属于葡萄牙，但那毕竟是块陌生的土地。

然而，也不知是巧合还是命运，糟糕的天气令他不得不中途在恒河湾靠岸，从那里开始，战争召唤着他，一步一步到达缅甸，和费利佩·德·布里托走到了一起。费利佩前往果阿为这片新领土寻求葡萄牙的官方承认，将指挥权交付于萨尔瓦多。在此期间，萨尔瓦多变成了常胜将军，威震整个东南亚。

费利佩·德·布里托·尼古特不会不安抚好"他的国王"悉利密达就离开勃固的。按照他的说法，作为沙廉的现任总督，他此行是去为将来征服孟加拉寻求支持。悉利密达立即祝福他，感谢众神让一位如此勤勉的军官为他效力。

然而，这一次有人揭穿了谎言。费利佩在和周边几个王国的王公联系时，为换取他们支持葡萄牙总督夺权，向每一个人都承诺了同一样东西——勃固的王位。可能是其中一位王公起了疑心，和其他人说了此事，也可能仅仅是因为费利佩的行动着实太过可疑……葡萄牙人前脚出发前往果阿，他谋权篡位的信息后脚就传到了国王耳中。悉利密达对他的指挥官和总督的信任就这样突然地、无可挽回地崩塌了。

几天后，国王重新起用杉尼亚达拉，给了他六千名士兵和一条命令：攻占沙廉，抓捕所有葡萄牙人。于是，萨尔瓦多·里贝罗·德·索萨带着仅仅三艘战船和三十名士兵在河口迎战杉尼亚达拉。他们缴获了前四十艘到达的战舰，杀死了舰上的大多数士兵。残兵败将逃了回去。短短几个小时中，面对葡萄牙人，杉尼亚达拉第二次遭受了耻辱性的失败。但他不会屈服。

在卑谬国王的支持下，悉利密达重整旗鼓。他吃了上次的教训，从水面进攻容易成为龟缩在城堡中的葡军的活靶子，于是他计划展开联合攻势：一千二百条小船从河上进攻，四万名士兵从陆地推进。这支大军具有压倒性的力量优势，但失掉了上次的奇兵之效。萨尔瓦多·里贝罗·德·索萨等候着随时可能到来的新一轮攻势，他集结起的部队比在勃固取得奇迹般胜利的那支军队强大得多。萨尔瓦多和他的部队察觉到悉利密达大军正在接近，便弃城而去，隐蔽在丛林中。夜幕降临后，他们击杀了敌人的将军。群龙无首的军队陷入恐慌，士兵四散溃逃。

不过，杉尼亚达拉还真是块难啃的骨头。不久后，他将重返战场，这一次他有备而来，来得正是时候。他带领八千士兵将沙廉要塞围困了八个月之久。绝望中，一些葡萄牙士兵开了小差。但为避免更多人效仿，萨尔瓦多派人一把火烧掉了港口上所有的船。

萨尔瓦多·里贝罗·德·索萨和他手下顽强的雇佣兵建立起了这个小王国，可无论是他的智慧，还是士兵们的勇气，都不足以左右这第四场战役的局势。印度总督在收到求援信后派出增援，萨尔瓦多冲在八百名士兵的最前面，向杉尼亚达拉包围要塞时修建的工事发起猛攻，将其夷为平地，并再一次击退了悉利密达的忠诚军队。

这次胜利为葡萄牙人赢来了一段和平的时光。一些部队奉命散去，只留下两百人留下来保持沙廉港堡垒的防务。但是，杉尼亚达拉卷土重来，打响了最后一次战役。不过这次围城的化解似乎冥冥之中自有天意。在勃固河河口附近，一颗火球划破了夜空，杉尼亚达拉的士兵溃不成军、惊慌失措、丢盔弃甲。萨尔瓦多就这样占了上风，将他们一举击溃。他们当然必须感谢这颗火球，尽管它可能仅仅是一颗从天而降的陨石，在与大气摩擦时燃烧了起来。

与此同时，萨尔瓦多指挥的另一支部队在卡梅兰获胜，击败并杀死了马辛加国王。他的威名传遍了勃固河流域，传到了国门之外。数以千计的当地人前去觐见他，希望为他效力。而费利佩·德·布里托·尼古特得到了"施主"的美名，即"好人"的意思。一向不愿承认缅甸国王对这里主权的孟族人拥戴费利佩成为勃固国王。由于费利佩还在果阿，萨尔瓦多代他接受了王位。

就这样，凭借追求财富的冒险家的单打独斗，葡萄牙在1600年成为下缅甸地区勃固王国的宗主国。这些探险家不是为任何国王，而是为了他们自己而战。

1602年，费利佩·德·布里托·尼古特返回勃固，代表西班牙兼葡萄牙国王正式接过王位，带回了"沙廉领主""征服勃固大将军"及"勃固国王"的称号。除此之外，他还带来了巩固和保障王国主权的军事援助，包括六艘战舰和一支军队。作为交换，费利佩答应放弃单独行动，让这片区域附属于王室。那个王室在遥远的伊比利亚，就是多年前，在他还没有经历过如此多征战时离开的地方。

费利佩还带回来一位妻子。正如从前曾获得悉利密达无条件的信任，这一次，费利佩在极短的时间里征服了印度总督艾雷斯·德·萨尔达尼亚。他不但答应了费利佩的所有请求，而且欣赏其人品，把侄女路易莎嫁给了他。路易莎出生在果阿，是一个爪哇女人所生。

如果说萨尔瓦多·里贝罗·德·索萨是位军事天才，那么费利佩·德·布里托·尼古特则有另一个天赋：出乎寻常的劝诱能力。

萨尔瓦多郑重地把王位交还给费利佩。这个王位是他保下来的，只有他知道，在新国王不在的日子里他付出了多大的牺牲。

接下来的日子里，若开、东吁和卑谬的国王仍然不断发动进攻。他们都觊觎费利佩通过勃固河海关得到的巨大利润，想要把它抢过来。残酷的战斗在陆上和海上不断打响，葡萄牙人战无不胜。在保罗·多雷戈·皮涅罗的率领下，效忠于费利佩的士兵攻占了许多堡垒，缴获了成批的舰队，抓住了无数俘虏，甚至包括老杉尼亚达拉的家眷。终于，缅甸人和他们的盟友举手投降，撤退军队。勃固国王终于能够稍稍享受一下他的财富和传奇了。

萨尔瓦多确保了和平，护送费利佩登上王位，就这样完成了他在亚洲的使命。他像个服完役的普通士兵，默默地登上了回葡萄牙的船。他受封为基督骑士团司令官，据说回到了隆菲，在那个他出生的村庄度过了余生。不过，他的遗体被葬在了很远的地方：阿伦卡尔方济各修道院会礼堂。在那里，至今还有一座石碑记载着他的姓名和故事——那段发生在千万里外，关于沼泽和雇佣兵的故事。

费利佩仍然留在勃固，骑着大象出行。他头戴王冠，肩披礼袍，人民对他顶礼膜拜，继续称他为"施主"。然而孟族人口中"好人"的美名最终并没能使他们免于反目成仇。1605 年，西班牙与葡萄牙国王费利佩二世从印度总督那里收到了费利佩·德·布里托在勃固称王的报告。同年 3 月 2 日，他写了一封回信，十分关心自己应从沙廉海关那里分得的税收。对这位成为国王的烧炭工，他表现出相当谨慎的疏远态度。

"（……）既然我已经得知了这位费利佩·德·布里托为我效力而建立的事业，我不得不像耶稣基督那样怜悯他，委派他投身于那片地区。之后我又让他成为贵族，派你给他带去委任状。但在我看来，既然兹事体大，如果你没有将其中诸多细节告知于我，我在没有得到信息的情况下，就可能像我现在做的这样，让你像过去那样对那里的事情采取非常特殊的办法。你应当向我报告让这位费利佩·德·布里托掌管那座港口的理由，请文官就此提出意见，告诉我为什么应该支持和保护那里，还应该问问国内的有识之士是否也持相同意见，保护这座港口是否符合我的利益，所谓的属国又会获得什么利益，保护这座港口的代价会不会超过了海关带来的收益？如果我允许布里托终身掌管这座要塞，等到他死后再传给他妻子，国家能从中得到什么好处呢？让布里托家族世代掌管这座要塞是否符合我的利益？艾雷斯·德·萨尔达尼亚派出辅佐他的人，算是效忠于我吗？还是说其中有些不恰当的地方？那些海关官员们是正确地以我的名义任命的吗？还是说这位布里托代行了这项权力？你还应该告诉我教会能从中得到什么好处，告诉我按照你的理解，这一切将如何对我有利，还要特别告诉我如何尽量不增加认可的王位，告诉我按照你的意见应该如何解决认可王位这件事，我最多能向这位布里托授予什么，来满足他和你的利益？……"

事实上，尽管供费利佩二世显摆的称谓头衔已经极长，他依然把"勃固诸王国国王"的称呼加了进去。

从踏上船舷、穿越世界、寻找财富时起，费利佩·德·布里托·尼古特就一直在挑战众神。算账的那一天迟早会到来，也许他自己也知道这一点，也许他只是不知道拨动他死亡时钟的到底是哪件事。

几个世纪后的今天，我们明白了导致他的帝国崩塌的问题和日本一样，这就是宗教。

自从葡萄牙正式拥有了勃固的主权，就自然而然地进入了扩张的第二个阶段：传播基督教。1604年起，弗雷·弗朗西斯科·达阿努西亚桑带领的一支传教士团来到沙廉。在费利佩的保护下，传教士们在沙廉要塞附近建起住房、教堂和神学院，教成千上万的当地人学习阅读、写字、祈祷，以及其他符合西方基督教价值观的行为。

但是，在缅甸有许多宗教，很多非常古老的宗教。这些宗教尚且不能彼此接受，更不要说接受一个来自世界另一端、教义和仪式十分不同的宗教了。

随着阿那华隆成为新的缅甸国王，从1607年起，布里托的领地又遭到了围攻。阿那华隆希望重新统一缅甸，听说有人在勃固教育孩子们信仰异教的神，他勃然大怒。

1613 年，沙廉遭到包围。4 月，费利佩·德·布里托·尼古特的葡萄牙 – 缅甸联军投降，沙廉城陷落。勃固的葡萄牙人国王，以及他的所有手下都成了俘虏，被带到阿那华隆面前。四目相对，缅甸国王给了布里托三天时间，要求他承认自己才是唯一的神。

此时，费利佩已经没有疑问，他知道自己大限已到。他已经比预想中活得久多了。他看过了世界的尽头，看过了珍奇异兽，他在西方人做梦都想不到的宫殿里用过餐。他已经不需要患得患失了。时间到了最后一天，阿那华隆又一次注视着布里托的眼睛。布里托会从此承认他为唯一而至高的神吗？

布里托回答说不。

1613 年，在经历了近四十七年的人生，并当了十三年勃固国王后，费利佩·德·布里托·尼古特被用几根竹竿刺穿，在难以想象的痛苦中慢慢地死去。

国王身死，沙廉王国沦陷，传教士、葡萄牙人以及葡萄牙人和当地人的后代都向南逃往暹罗人的领地丹老。纳希诺王公是布里托的朋友，他皈依了天主教，并设法逃脱，几年后在果阿受洗。阿那华隆成功实现了重新统一缅甸的计划。基督教再也没能在这里生根发芽。

那座著名的沙廉堡垒以及费利佩·德·布里托在那个时代兴建的建筑都没有留存下来。近年来有照片拍摄了费利佩·德·布里托所建教堂废墟，但那实际上是一个世纪后的意大利传教士修建的寺庙。而在缅甸国内发现的写有葡文的石碑被认为是 18 世纪葡萄牙人后裔的墓碑。尽管如此，在费利佩死后这么多年，葡萄牙语还能在缅甸保留下来，也算是个有趣的现象了。

不过，尽管这位沙廉短暂的领主与这里的实际联系看起来已经完全从地图上抹去了，关于他的记忆却没有一同消亡。1994 年 4 月，缅甸《新光报》回顾了缅甸的这段重要往事。当然，正如我们可以想象的那样，并非为了感谢与致敬。

> 一位名叫费利佩·德·布里托（缅甸历史上称他为鄂辛伽）的葡萄牙冒险家在 1600 年至 1613 年间成为沙廉的国王。16 世纪初开始，先是葡萄牙探险者在缅甸湾的自由水域开始劫掠，西班牙人紧随其后，再后来英国人和荷兰人也来了。16 世纪末，葡萄牙人绕过非洲大陆，进入印度洋，如鲨鱼般控制了这片海域。葡萄牙帝国主义者意图夺取缅甸的统治权。他们研究了河口的水深，以便攻入王国。在夺取政权后，他们欺骗人民，说要改善他们的生活。这发生在 1590 年，这一年若开邦领主明帕朗国王任命费利佩·德·布里托（也就是鄂辛伽）为他的侍从。此前不久，他才任命这位年轻的雇佣兵做了沙廉要塞的指挥官。大权在握之后，这位精明的战士把可怜的国王当成了鱼肉。布里托（也就是鄂辛伽）不久就宣布沙廉为自己的领地并亲自加冕为王……

> 在十三年的时间里，沙廉沦为悲惨的殖民地。在此期间，费利佩采用驱虎吞狼之计，使孟族人与布拉马族人两相残杀。为了稳固自己的势力，维持沙廉葡萄牙殖民地的地位，布里托把他的一个女儿嫁给莫德马的孟族领袖比那达拉……他拆除了神圣的佛寺，把里面的珍宝洗劫一空。这位帝国主义者费利佩（也就是鄂辛伽）的暴行一直持续到1612年，莫德马的孟族领袖比那达拉则为虎作伥。他们进攻了王城米尼阿雅，国王那信囊沦为阶下囚，被带往沙廉……重要之处在于，在印度人1962年赶走葡萄牙人后不久，在缅甸塔玛都[1]的领导下，消灭了葡萄牙人在缅甸长达三百五十年的盘踞。1613年的胜利之战与缅甸的收复具有重大历史意义，缅甸人都不应该遗忘。（……）

最近，我们又听到了布里托的新闻。2010年，《缅甸时报》报道，澳大利亚纪录片导演达米恩·雷带领一支队伍前往勃固河，寻访达摩悉提大铜钟。

这和布里托有什么关系呢？说来话长……我尽量长话短说。

达摩悉提大铜钟被认为是世界上最大的钟，重达二百七十吨，由金、银和铜铸成，镶嵌着翡翠和蓝宝石。它是缅甸孟王朝的第九位国王达摩悉提在1480年左右派人铸造的。

---

[1] 缅甸军政府的代名词。

这座钟似乎从铸成的那天起就一直遭受诅咒。国王并非基于什么特别原因才下令铸造这座钟,他只是下令普查人口,而他的大臣们却借机挨家挨户收税。国王从不想榨取民脂,为了安抚他的怒气,大臣们建议他把钱币熔掉,铸成一座大钟,这样,这些钱可以用之于民。国王接受了这个建议,铸了这座钟献给佛祖,安放在仰光的大金寺。不过,这座钟发出的声音并不悦耳。

一个世纪后,威尼斯商人加斯帕罗·巴尔比造访仰光,描绘了这座钟的宏伟。他还补充了一个细节:整个钟面上都雕刻着一种符号,但按照巴尔比的说法,没有一个人能读懂它的意思。

不久后,1608 年,费利佩已经做了八年勃固国王,他派出一支小分队前往仰光大金寺。此行目的是拆下达摩悉提大钟,把它带回沙廉港。在那里,葡萄牙人会熔掉大钟,改铸成大炮。小分队拆下了大钟,把它从山上滚下去,装上一个巨大的木筏,由大象一路拖进河中。然而,木筏在河中航行时突然散了架,达摩悉提大钟沉入了勃固河泥泞的深流中。

大钟从此再未重见天日。传说直到 19 世纪末,人们还能在退潮时看到他的顶部。

根据《缅甸时报》在 2010 年的报道,经过几个月的陆上和潜水调查,达米恩·雷相信自己已经确定这座神秘大钟的位置。不过此后就没有进一步的消息了。

事实是,从 1987 年起,很多探险队试图寻找大钟,让它再次浮出水面，却从未成功。当地人相信有神灵在护佑大钟，不让人们重新发现。研究者漆山温之子奈乌在探索中的遇难便是明证。他们断言，达摩悉提大钟只有在神灵们愿意时才会浮上水面，这通常发生在月圆之夜。

10

流氓国王
阿方索六世

曼努埃尔·努内·莱唐站在英雄港的码头上，看着舰队朝着里斯本的方向驶去。时值八月末，这位军士长一年里第一次欣赏起漫长的黄昏。天空灿若黄金，口中略感咸涩，他感到放松，然而，这种转瞬即逝的自由之感，只有在一个月后，只有在他收到舰队顺利抵达目的地的消息时——如果真能收到——才会真正实现。是的，没有人被落下，没有任何意外，没有突发的风暴迫使他们中途返航，再把那个累人的囚犯带回他身边。整整五年来，他小心翼翼地看守着他，耗尽了心力。

舰队绕过巴西山[1]，变成一片模糊而密集的剪影，继续向前行

---

[1] Monte Brasil，巴西山，位于特塞拉岛英雄港的南面，是火山喷发形成的半岛状山脉。

驶，此时，曼努埃尔·努内·莱唐不禁舒了一口气。他再一次回想起这一切的开始。那是1669年的一天，莱唐收到米纳斯侯爵的一封来信，侯爵在信中以摄政王佩德罗的名义对他委以重任。莱唐将会接收一位囚徒，要妥善地照料他，还要特别注意他那脆弱的身体可能对他造成的损害。而最重要的是——这位军士长回想到这里时又像五年前那样颤抖起来——这个人实际上是葡萄牙的国王。

曼努埃尔突然感到一阵寒冷，不禁掖紧了外衣。他看了大海最后一眼，转身离去。

几年前，在里斯本市中心一家肮脏的餐厅里，一群和这家餐厅一样外表可疑的人挤在餐厅深处的一张桌子旁。这群人中有意大利人、葡萄牙人，还有黑人和混血种人，他们大摇大摆地吃着炸鱼，喝着葡萄酒，用污言秽语挑衅店里的其他顾客，然后大笑着走进夜色中，前往一家臭名昭著的妓院。天都亮了，他们才摇摇晃晃地沿着河朝王宫走去，一路大呼小叫，并且时不时停下脚步，去踢在路边睡觉的流浪汉。但其中一个不知名的流浪汉突然站了起来，盯着这群人的眼睛。他不可能同时冲向所有人，于是就挑中了那个看起来最弱的人，那是一个长着浅色眼眸、披着长发的青年，走路一瘸一拐，右侧的身躯似乎无法动弹。流浪汉扑向那青年，用尽全身力气向青年脸上挥拳。他把青年扑倒在地，继续补上拳头。那青年连连咒骂，却无能为力，这场意外突如其来，他的朋友只是嬉皮笑脸，躲得远远的，看起了热闹。最终，青年被揍得血流满面、遍体鳞伤，他想不出别的办法从这场折磨中脱身，只能疯狂地喊出：我是国王！葡萄牙国王！

上面这两段故事有共同的主角——阿方索六世，但两段故事之间没有必然的联系。没人想得到一国之君竟会是个流氓，也没人想得到一位国王竟会在自己的王国里沦为囚徒。然而，这位葡萄牙历史上的第二十三位国王，葡萄牙第四个也是最后一个朝代的第二位国王，并非因为年少时的放荡才在晚年遭到牢狱之灾和近乎与世隔绝的待遇。这中间有其他的原因——他的一生都很出人意料，这还得从他成为国王时说起。

那是 1643 年 8 月 21 日，若昂四世与唐娜·路易莎·德·古斯芒，布拉干萨公爵夫妇，葡萄牙国王与王后，诞下了第六个孩子。彼时葡萄牙重获独立已有两年八个月零二十一天，但国家仍处于战争状态。西班牙不承认葡萄牙的主权，其他影响力强大的君主也不承认。葡萄牙还要经历二十年的斗争，签下许多协议与盟约，才能让世界正式承认这一事实：在费利佩王朝统治六十年后，葡萄牙终于完全恢复了它在五百年前初诞生时便具有的全部自由。

阿方索只是个寻常王子。他的姐姐安娜公主和哥哥曼努埃尔王子都在出生后不久夭折，两个姐姐若安娜和卡塔里娜虽比他年长，但都是女孩。不过，他还有个叫特奥多西奥的哥哥。特奥多西奥是嫡长子，他聪慧过人，从小便接受了王位继承人的教育。

如果说曾经阿方索登临大位还有一丝缥缈的可能，那么他出生大约三年后，这就变得遥不可及了。一场严重的高烧袭击了他，留下了可怕的终身后遗症：他右侧的身体瘫痪了，口歪眼斜，身体和精神上都严重受损。这病可能是一种脑膜炎，严重伤害了他的中枢神经系统。阿方索一生都在受苦，他性情不定，情绪无常，与人交往困难。就在同一年，阿方索最小的弟弟佩德罗降生了，他成为阿方索除疾病之外的最大对手。

由于父亲被选为国王，阿方索和佩德罗成了布拉干萨家族第一代在里斯本长大的孩子，远离家族在维拉维索萨的公爵府邸，也远离阿连特茹的平静生活。他们也是第一批在里贝拉宫接受教育的葡萄牙王子。但由于当时紧张的战争和政治环境，王室似乎无暇顾及对他们的培养。

然而，直到 1653 年，阿方索的问题才变成了国家的问题。特奥多西奥王子被结核病纠缠了几个月，最终没能挨过，贝拉公主若安娜也在同年去世。为了加强同盟力量，巩固葡萄牙独立的合法性，国王的次女卡塔里娜许婚给了一位外国国王。身有残疾且毫无准备的阿方索，若昂四世与唐娜·路易莎·德·古斯芒的第六子，就这样成了葡萄牙的新王储。

阿方索意外地登上了舞台，可任何职务他都难以胜任。此时，由于国王尚且健在，这个问题还没有那么急迫，但没过多久，葡萄牙开始意识到这个问题的严重性。1656 年 11 月 2 日，病重的若昂四世立下遗嘱，托付自己的妻子摄政。六天后，国王驾崩。11月5日，年仅十三岁的少年阿方索宣誓继承王位，却没有加冕。这是因为八个月前，在妻子的建议下，虔诚的若昂四世将圣母玛利亚加冕为葡萄牙的女王和保护神，因此，后来的葡萄牙国王都不再加冕。

此时举国悲悼，新王就任典礼上，外交官安东尼奥·德·索萨·马西多宁可无视新国王，也要将致辞用来回首往事。他说死去的国王"近乎神圣"，并把他的功业与勇气同葡萄牙各位先王相提并论。他不忍心去想未来，去想那个坐在他旁边的年轻人。年轻的国王身体虚弱，目光空空，对周遭的一切都提不起兴趣。葡萄牙恢复独立不过才十六年，可偏偏要由他来担负起守护葡萄牙独立的重任，指挥军队与西班牙展开一场场艰难的战役。

孩提时代的阿方索不过是个普通王子，他真实的健康状况还能保密，而现在地位的上升则意味着他会遭到令人不快的审视。很快流言四起，说国王是个"瘸子"，神志不清，状如怪物。这类夸大其词本无甚紧要，可没什么比阿方索本人的行为更能助长这些飞短流长了。首先，阿方索六世旧疾未愈，又添新病，他患上了暴食症，吃下远远超过正常理智与食量所需的食物，然后呕吐不止。他成天躺在床上，导致肥胖异常，刚刚二十岁出头，就不良于行。但最严重的还要数他的脑子……

在阿方索六世没有忙着把食物吃进去再吐出来时，在他不躺在床上、不去呵斥那些不让他顺心如意的人的时候,他喜欢走近王宫的窗户,看着城市里的人来人往。他或许妒忌那些在街上跑来跑去的小孩子们,妒忌他们自由自在地玩闹,妒忌码头上互相交谈的人,妒忌讨价还价或闲逛的小贩和水手。他鼓起勇气打开窗子,尝试着和过路人或者摆地摊的小贩搭讪。一个小贩,热那亚人安东尼奥·孔蒂,邀请国王加入自己的队伍。不久后,这位因为母亲摄政而赋闲的葡萄牙国王便跟着这群名声可疑的人去参加一些与他身份十分不符的活动。阿方索六世、孔蒂兄弟及其他一些面目可憎的人狼狈为奸,在街头寻衅滋事,用石子砸窗户,辱骂无辜路人,在声名狼藉的地方彻夜纵酒。他们不断生事,滋扰良家妇女,往往无功而返。他们频繁造访妓院和奥迪维拉什修道院。这座修道院传统深厚,自在唐·迪尼什时期建成起,就承担着解开肉欲之谜的重责。因为这伙人既勇敢又浪漫——两者许多时候难以区分,阿方索六世有一次被剑刺伤了生殖器官,阴囊上留下了一处至死未消的伤疤。还有一次,为了博得修女唐娜·安娜·莫拉和唐娜·费利西亚纳·德·米兰的好感,阿方索六世派人把一头公牛送到修道院的天井里,然后在那里斗牛。这头凶兽满怀敬意地不去夺取国王的性命,只把他撂倒在地,给他留下了满身伤痕与难言的回忆。

孔蒂兄弟渐渐赢得国王的信任,成为王宫的常客。他们不顾唐娜·路易莎·德·古斯芒定下的规矩和王室教师们的阻挠,在宫殿的长廊里奔跑,带着妓女出入国王寝宫,胡作非为,一如街头。十七岁的时候,阿方索六世给安东尼奥·孔蒂安排了一个房间,直通自己的房间,并将他任命为"掌衣侍从"和"掌钥侍从",帮自己完成穿衣脱衣这一最烦琐的日常事务。后来,国王还给了他封地、贵族头衔以及基督骑士团徽章。

对于儿子的荒唐行径,唐娜·路易莎·德·古斯芒忍无可忍,准备在他满十八岁后放弃辅政。可内阁恳求她不要这样做,至少别把葡萄牙交到安东尼奥·孔蒂手里。不久后,路易莎把孔蒂流放到巴西。群龙无首的小团体就这样被轻易地瓦解了,他们被大臣们逐出王宫。失去了唯一的朋友,阿方索大发雷霆,激烈反抗。但很快,两个年轻的朝臣成了他的新伙伴,让他的心情平复下来。不过,这两个人的目标却同孔蒂的流氓团伙截然不同……

唐·路易斯·德·瓦斯康塞洛斯-索萨和唐·热罗尼莫·德·阿泰德,更为人所知的名字是卡斯泰洛-麦略尔伯爵和阿托吉亚伯爵。他们被摄政太后任命为侍从,本应尽一切所能,完成培养阿方索六世这个令人绝望的任务。但这个计划又一次与唐娜·路易莎的本意背道而驰。

卡斯泰洛-麦略尔伯爵可不是无名之辈,他曾被怀疑与维米奥索伯爵之死有关,并因此在法国流亡了两年。后来,为了捍卫葡萄牙独立,他在葡萄牙复国战争期间返回米尼奥。在战争中他身受重伤,却洗刷了恶名,回到了宫廷,屡拜重职,积累起人脉和声望。

在那个历史性的时刻,国王脆弱的身体令他和阿托吉亚伯爵隐隐看到了绝无仅有的夺权机会。他们就这样成了一场阴谋的幕后主使,最终驱逐了唐娜·路易莎,襄助阿方索六世真正登上王位。

当时,对于国王不稳定的精神状态,唐娜·路易莎·德·古斯芒表示认命,她做出了一个无比明智的决定:召集内阁,让阿方索退位,由她最小的儿子佩德罗接任国王。于是,卡斯泰洛-麦略尔伯爵和阿托吉亚伯爵带着阿方索六世离开了王宫,前往阿尔坎塔拉。在那里,他们能更好地操纵国王。他们让国王相信自己的母亲准备剥夺理应属于他的王位,把它交给他的弟弟。两位伯爵命令摄政太后交权,公开给出的理由是,葡萄牙与西班牙间的决定性战役一触即发,不能让唐娜·路易莎承担这么繁重的任务。

阿方索六世的侍从始终对唐娜·路易莎以礼相待,她在王宫里一直住到1663年3月,之后搬进了赤足奥斯定修道院。然而,在给嫁与英国国王卡洛斯二世、身为英国王后的女儿卡塔里娜的信中,她把发生的一切定义为"谋逆"。

摄政太后在三年后死去,那时她已住在萨布雷加斯修道院。有赖于她的明智,葡萄牙才能应对战争,恢复独立。她活过了丈夫和三个孩子,承受住了阿方索的疯狂。至于阿方索六世,他终于在1662年6月29日接过王国的管理权,任命卡斯泰洛-麦略尔伯爵为宫廷书记官,这是大臣中最高的职位,相当于首相。伯爵成功满足了个人的野心,对于国家这也并非坏事:葡萄牙得到了一位聪明、精干、有号召力的政治家。也是因为他，阿方索六世成为打赢葡萄牙复国战争的君主，以不良于行、神经混乱的羸弱之躯，赢得了不凡的绰号："胜利者"。

接下来的几年里，西班牙国王的私生子，奥地利的唐·若昂入侵了阿连特茹，逼近岌岌可危的里斯本。卡斯泰洛－麦略尔伯爵组织起防御力量，授权维拉维拉－佛洛尔伯爵和肖姆贝格伯爵指挥战争，成功击退入侵者。之后，葡萄牙军队又取得了一系列决定性的胜利，收复了埃武拉，夺回了阿苏马尔、乌格拉、韦罗斯、蒙福特、克拉托、博尔巴、菲盖拉－德－卡斯特罗－罗德里戈和阿梅西亚尔。1665年，蒙特斯－克拉洛斯战役的胜利给了敌人致命的一击。此后，葡萄牙与西班牙之间只剩下边境上零星的小规模冲突。对手疲惫不堪，最终在三年后签署了正式的和平协议。在《里斯本协定》中，西班牙明确承认了葡萄牙的主权。

同时，那些年里，葡萄牙必须重建外交和国际贸易。为了重新得到英国的支持，唐娜·路易莎已经把女儿卡塔里娜公主嫁给了查理二世。公主不但把饮茶的习惯带进了英国宫廷，还带去了更重要的东西：一份丰厚的嫁妆，其中包括丹吉尔城，以及璀璨的孟买。这时候，荷兰人已经夺走了锡兰、科钦和许多葡萄牙帝国在东方的其他重要据点。双方有必要达成一份协议，葡萄牙人在斯里兰卡的问题上做出妥协，承认荷兰人对其无可争论的控制权，以换取荷兰完全承认葡萄牙拥有巴西主权。

身为伯爵和宫廷书记官，唐·路易斯·德·瓦斯康塞洛斯-索萨还有最后一个任务。是的，这个问题显然至关重要：给阿方索六世这位毫无吸引力的人物找一个老婆……

国王的婚事已经张罗了很多年，在他父亲还在位时就开始了。所有尝试都以失败告终，可能不是因为阿方索名声不好（阿方索那时候的越轨之举还不至于那么严重），而是因为在那个年代，布拉干萨家族的王室地位尚未得到全世界承认。在1652年，阿方索九岁时，他和帕尔玛王储的女儿间的婚事没能谈成。紧接着，与蒙庞西埃小姐以及奥尔良公爵之女的婚事都以失败告终。最终，在1666年，卡斯泰洛-麦略尔伯爵展现出他的雷厉风行，他派唐·弗朗西斯科·德·梅洛-托雷斯前往巴黎，从萨伏依公爵那里带回了一纸婚约，敲定了阿方索同内穆尔公主唐娜·玛利亚·弗朗西斯卡·伊莎贝尔的婚事。

6月27日，在拉罗谢尔[1]举行了代理婚礼。之后，玛利亚·弗朗西斯卡前往里斯本，并于8月2日抵达。一支规模庞大的随从团和一支法国舰队一路保驾护航，避免西班牙人暗中掳走葡萄牙的新王后。然而，阿方索的人生并没有就此变得幸福。他悲剧的命运从他三岁起就已经注定了，那一年，一场无名怪病使他永远地失去了

---

[1] 拉罗谢尔（La Rochelle），法国西部城市，新阿基坦大区滨海夏朗德省（Charente-Maritime）的省会。

生育能力……

玛利亚·弗朗西斯卡在见到丈夫后度过了悲惨的两天，之后她向告解神父弗朗西斯科·德·维拉忏悔，说自己不知道怎么才能和这样一位国王生下葡萄牙的继承人。最终，她用"不顶用"和"性无能"来形容自己的丈夫。剩下的事嘛，好吧，剩下的可能就只有政治了。一种被爱情、野心、忌妒和其他种种人性所煽动的政治。

内穆尔公主和阿方索六世的婚姻使法国关注起葡萄牙的命运。玛利亚·弗朗西斯卡和路易十四国王保持着联系，后者试图加强法国对葡萄牙政治的影响力。我们都知道，阿方索六世没有实权，于是不久之后，王后和架空国王的卡斯泰洛-麦略尔伯爵间对立起来。尽管玛利亚·弗朗西斯卡试图挑起事端，但伯爵的经验和智慧使他能够避免与玛利亚·弗朗西斯卡正面冲突，而其他许多重臣就不同了，很多人都被毫不留情地驱逐出王宫。

同时，王后一面与她那病弱、不雅而且无能的讨厌丈夫阿方索六世渐行渐远，一面却与他的弟弟，贝雅公爵佩德罗，也就是她的小叔子越走越近。有人看到他们在萨尔瓦特拉森林附近出双入对，那里正是年轻的公爵喜欢去打猎的地方。

很快，佩德罗便站在王后这一边，支持她斗垮这个保护着阿方索六世并真正统治着葡萄牙的政府。这场攻击很猛烈：指责卡斯泰洛-麦略尔伯爵试图毒杀亲王。国王召集了内阁，但佩德罗口称的证人却始终没有出现，最终得出的结论是没有任何理由将伯爵解职。然而，妻子和弟弟咄咄逼人，阿方索六世步步后退……卡斯泰洛－麦略尔伯爵已经有所预感，他预作反应，主动提出辞职，当时他正在准备把西班牙割让加利西亚给葡萄牙作为签订和平条约的条件。这条路来去自由，阿方索六世落得孤家寡人，他自己应负全责。

1667年，在成婚一年多后，萨伏依的玛利亚·弗朗西斯卡公主离开王宫，避居圣母修道院。第二天，阿方索六世收到一封妻子手书的信函，信中写道："我离开了陛下，愿上帝保佑您，因为我们达成的婚姻并无实效。"另一份文件——一份宣布婚姻无效的请求——被送进了里斯本主教座堂。

于是，自1668年1月起，里斯本主教座堂每周一、三、六下午举行听证会。证人们将在公众面前就所谓"国王的性无能"问题作证。这一切竟都发生在阿方索六世身上，就差指控他无能去爱，让他坐在被告席上。

若安娜·托马斯宣称，国王的阳具和他见过的其他阳具不大一样，安静状态时如同小男孩的一样小，在勃起状态下，它的顶端反比根部粗。雅辛塔·蒙特罗则叙述了王后在几个月前向她袒露的心迹：婚后头几个晚上，玛利亚·弗朗西斯卡和她的丈夫同床共枕，尽管她一丝不挂，他也曾苦苦尝试，却始终未能成功地进入她的身体。医生们已经对此得出定论，认定国王确实属于不正常的那一类。堂堂主教座堂里，可以随时听闻类似"性无能"和"无性欲"

这样的话。

听证会总共听取了五十五名证人的证词，大多数人是阿方索所谓的情人和小妾，还有一些是安东尼奥·孔蒂的团伙。他们的证言大同小异，国王确实有性功能障碍，有勃起困难，又有早泄和生殖器畸形问题。神经系统的缺陷以及年轻时因胡作非为而留在档下的刀伤都是这些问题的起因。

1668年2月23日，在没有一份对国王有利的证词的情况下，审判此案的三位高级教士以及由四位法官和若干教士组成的司法团对此案做出判决。不久，罗马教廷宣布废除这段婚姻，并允许玛利亚·弗朗西斯卡改嫁给她的前小叔子唐·佩德罗。

最终，阿方索六世屈服于弟弟的压力，放弃王位，并被流放到亚速尔群岛的英雄港。唐·佩德罗登上王位，成为葡萄牙的第二十四位国王，史称佩德罗二世。在他身旁的是玛丽亚·弗朗西斯卡，依然是王后，永远是王后。

在特塞拉岛上，等待着废王的不是宫殿，而是施洗约翰城堡那长长的城墙，它们是几位西班牙的费利佩国王下令建造的，是全西班牙帝国最大的要塞。之后的五年里，阿方索六世就被囚禁在那里，把看守者和仆人们的生活变成了地狱。他一如既往的反复无常、暴躁易怒，不知道他是否遇到了另一个孔蒂，陪他一起逃出去兴风作浪、坏法乱纪。

这个不幸的人命中注定要死在那里，被人遗忘，远离他放浪形骸的一生中曾遇到的一切事与一切人。但是，在终章到来前还有插曲……

1674年，佩德罗二世发现了一场阴谋，旨在推翻他，迎回他的哥哥。因为担心事态在亚速尔群岛继续发展，8月的一个黄昏，他下令让阿方索返回，回到自己身边，以便监视。抓获的谋逆者悉数被绞死在罗西奥广场，不过佩德罗对哥哥温柔多了……

9月，阿方索刚从里斯本上岸就被立即带到了辛特拉王宫。在接下来的九年里，他被幽禁在一个房间里，只有在去小教堂时能够外出。只有一个内侍陪着他，睡在紧挨他房间的一个小隔间里。在这栋迪尼什在14世纪下令建造的宫殿中，这个屋子是最老的一间，据说本是被当成墓穴而不是住宅设计的。直至今日，仍然能看到地板上的磨损痕迹，民间的解释是，这是阿方索在床和窗户间来来回回走出的痕迹，但实际上更可能是材料老化的结果。

1683年5月起，阿方索可怕的病痛开始发作。他放了血，吃了药，失去了语言能力，最终在9月12日去世，年仅四十岁。他的死因仍然成谜，但有人认为是肺结核，就是他的兄长特奥多西奥得的那种病，正因此病，他才意外地登上王位。

玛丽亚·弗朗西斯卡在3个月后去世，留给佩德罗二世一个独生女，即唐娜·伊莎贝尔·路易莎。

佩德罗始终在位，直到1706年去世。他既受益于他哥哥的首相赢来的和平，却也被战争的开支掏空了国库。他的王位继承人若昂五世与内穆尔公主毫无关系,为佩德罗二世第二任妻子诺伊堡的玛丽亚·索菲亚所生。此外,他似乎和阿方索六世品味相同,都喜欢出身低贱的女子。不同的是,他能够付诸实践,留下的诸多私生子可堪证明。

11

攸关信仰
若昂五世

    这是一个黄金和钻石横流的时代，有宏伟的宫殿、奢华的马车，有音乐家谱写史诗乐章，在建筑大师设计的厅堂中演奏。肉欲迷惑着激情，激情鼓动着信仰，信仰驱使着这个火热的时代。

    这段私情发生在夜深人静的里斯本郊外。一位衣着华贵的男子在两名侍卫的护送下快步走向一座建筑。他威严地敲了敲门，不久就得到了回应。只听见房门吱吱呀呀地打开了，听得见女人的嬉笑和低语。铁门重重地关闭了，回音在夜色中飘荡。两个侍卫守在门外，就像两只流浪猫。街道另一边的树木，连同整个王国，都已沉沉睡去。这桩奸情本来乏善可陈，然而那个男人不是一般人，而是葡萄牙国王，那座建筑也不是妓院，而是一座修道院。

    那是18世纪，所谓"启蒙世纪"。那是欧洲王室的辉煌时代，葡萄牙、西班牙、法国、英国和荷兰靠着他们的商业帝国过上了奢侈的生活。人们以欣赏华服和伟大作品为乐，对王室庆典、奢华婚礼、铺张奢侈及放浪形骸评头论足。

1707年1月1日，若昂五世被隆重地拥戴为葡萄牙国王。他年方十七，命十分好。作为葡萄牙第四个王朝的第四位国王，在他之前，无论是他祖父、叔叔还是父亲，执政环境都不轻松。先是经历了1640年的恢复独立，紧接着和西班牙进行了二十八年的战争，死了很多人，花了很多钱，还失去了很多东方据点。随之而来的是利润的减少。且不说他们的家庭、地位和健康问题，对于若昂四世、阿方索六世和佩德罗二世，日子都不是特别好过。等到了若昂五世的继任者若泽一世的时代，又发生了有史以来最严重的大地震，首都都毁了。只有若昂五世生来便备受命运眷顾，命运垂青这位葡萄牙的"太阳王"好几十年，赐给他和平与金钱，很多很多钱，都是当时在巴西发现的黄金和钻石带来的。那时候，由于失去了很多印度领地，葡萄牙不得不把注意力转向帝国的另外一隅。

作为佩德罗二世和他的第二位妻子玛利亚·索菲亚·德·勒纳布尔王后的儿子，若昂五世仿佛葡萄牙专制统治的象征：有很多缺点，又有一些优点。在他漫长的四十四年统治中，葡萄牙经历了历史上最显赫的时刻，也经历了最悲惨最荒唐最不民主的时刻。若昂五世是整个葡萄牙历史上最挥霍无度、最不负责任的君主。但也有历史学家认为，他是少有的天生就该做君主之人。他是一位慷慨的艺术和科学赞助人，一位在微妙时局中勇于决策的领袖，一位对葡萄牙帝国具有全球眼光的君王，在一段时间里维系了葡萄牙的生存与繁荣。

尽管如此，年轻的国王刚刚上台时也不轻松。邻国西班牙陷入了王位继承战争，一方是获得法国支持的费利佩五世，另一方是查理大公，获得了英国、荷兰和葡萄牙的支持。这个决定是佩德罗二世做的，若昂五世坚持父亲的承诺，尽管当时国库的余额已经到达几近耗尽的灾难程度。不过，若昂五世的好运气就是从那时开始的。不久后大公的哥哥约瑟夫去世，奥地利的王位出现空缺，查理于是成了德意志帝国皇帝查理六世。英国随之收回了在西班牙内战中对他的支持，以免他戴上两顶王冠。双方签订了和约，在加泰罗尼亚作战的葡萄牙军队回到家乡，枯竭的国库终于不用继续支撑战事了。

吃了这次教训，若昂五世对国际斗争失去了兴趣，他先同英国巩固联盟关系，然后把精力集中在巴西。为了促进跨大西洋的冒险活动，他引导国民向巴西移民，增派军事和行政人员，鼓励甘蔗种植和金矿勘探。在葡萄牙本土，他推动工业，促进巴洛克建筑、音乐和绘画的发展。他把意大利歌剧引进葡萄牙，资助国内的艺术家，吸引外国艺术家来葡。他有一个执念，那就是取代法国的路易十四，那位说出"朕即国家"的太阳王。若昂五世希望像路易十四那样修建华美的宫殿，以更杰出的艺术品进行装饰，举办规模更大的宴会——只有上帝才知道若昂五世有多大的胃口……他还资助了

"飞行神父"巴尔托洛梅乌·德·古斯芒。神父造了一个热气球，在国王疑惑的目光中，热气球从王宫大厅的地板上升了起来。后来，神父致力于实现"梦想中的梦想"：一个飞行器。大鸟形状的飞行器。

伟大的国王喜欢伟大的事物。因此，不要奇怪他的气魄如此恢宏……他大概是在十五岁时结识第一位情人的。这位女子名叫唐娜·费利帕·德·诺罗尼亚。若昂那时还是王储，想要和她结婚，可他的父王另有计划。根据佩德罗二世的安排，若昂迎娶了奥地利公主玛利亚·安娜。据史书记载，她相貌平平，却有着坚韧的性格，为了国家大局，一次又一次原谅了丈夫。

佩德罗二世派出了杰出的使节，维拉尔·马约尔伯爵费尔南多·特莱斯·达·席尔瓦受命前往维也纳向唐娜·玛利亚·安娜求亲。她是利奥波德皇帝的女儿，是葡萄牙在战争中的盟友查理和约瑟夫的妹妹。特莱斯·达·席尔瓦于1708年2月21日抵达奥地利，受到皇室的特别接见，达成了一致意见。接下来就是庆典了。6月7日，使臣庄严而隆重地带着四十余驾华丽的马车进入奥地利首都，其中一部分是特意从荷兰赶来的，每驾马车由六匹马拉着，朝着庆典仪式的方向驶去。6月21日，在法沃里达宫，使臣以葡萄牙国王的名义正式向唐娜·玛利亚·安娜求婚。他当场把一幅若昂五世的肖像交给未来的王后，油亮的画框上镶嵌着钻石，可以说是对国王尊荣的小小表现，仿佛国王英俊的相貌还不足以打动玛利亚·安娜（其实玛利亚·安娜的个人意愿在家族决定面前并不重要）。7月9日，萨克森红衣主教主持了婚礼，新郎仍然不在场，他的使臣们代为出席。返程路上，送亲队伍每在一地落脚，都会举行一场庆典。10月26日，在一场横跨欧洲的送亲之旅后，若昂和玛利亚·安娜终于见面了。在里贝拉宫，盛大的欢迎仪式持续了三天三夜。12月22日，在里斯本主教堂，整个宫廷齐唱《赞美颂》，公主在维也纳说出"我愿意"半年后，这场王室婚宴迎来了最终庆典。有些婚姻从婚礼到离婚都挺不了这么长时间……

据说，葡萄牙新王后的第一道旨意就是让唐娜·菲利帕·德·诺罗尼亚去修道院。这位唐娜·菲利帕刚刚生下一个女婴，谁也不知道孩子的父亲是谁……而她做的第二件事就是忠诚于若昂五世。

要想了解这对国王夫妇的婚后生活，只需要读读《修道院纪事》。若泽·萨拉马戈的那部小说就是从这里开始的，讲述了一个寻常的夜晚，国王庄严地前往王后的房间，尝试和她生一个孩子，一大群侍从要相随，一大堆缛节要遵守，最后却徒劳无功。书里还写道，国王在婚后的两年里一直例行公事，重复着这个必需的仪式，除非他最终实现一个至关重要的国家目标：生下一位继承人。书里还写了国王如何排除万难，兑现承诺，派人在马芙拉建立起一座巨大的教堂和一座堪比凡尔赛的宫殿。还有这项工程又是如何一拖再拖，疯狂地消耗着帝国的财富，牺牲了成千上万的无名工人。

后来，国王派人在那里修了一座巨型编钟，并请来全欧洲的音乐家专门为其作曲。这一切花费了一亿两千万克鲁扎多金币，成为体现国王宏大气魄的范例，难怪史学家们给了他"恢宏者"的绰号。他还花钱修建了许多其他奇观工程，比如阿瓜里弗渡槽、教士塔楼、马特乌什庄园、弗雷舒宫等。还有很多宗教建筑，比如布拉加的仁慈耶稣朝圣所阶梯以及圣施洗约翰礼拜堂，这座礼拜堂委托给当时最优秀的建筑师，先在罗马建成，再拆碎运往里斯本，重新一块一块组装成一座金碧辉煌的礼拜堂，至今还在里斯本的圣洛克教堂中熠熠生辉。

不过，我们必须承认，神明仿佛知晓国王践行了他的诺言。在第一个孩子降生后，若昂五世和唐娜·玛利亚·安娜又生了五个孩子。亚历山大、佩德罗和卡洛斯先后夭折，但若泽王子继承了父亲的王位，唐娜·玛利亚·芭芭拉嫁给费尔南多六世，成了西班牙王后，佩德罗王子后来成了巴西亲王，又因为迎娶了侄女玛利亚一世而成了葡萄牙王夫。

不过，在1716年，若昂五世再次使国家卷入一场国际纷争。威尼斯人、土耳其人和教皇为科孚岛[1]的归属打了起来。在收到教皇寻求支援的请求后，葡萄牙国王派出了一支强大的舰队，由里奥格兰德伯爵率领，在马塔班海岬海战中取胜。然而，和所有的冲突

---

[1] 位于希腊西部伊奥尼亚海中的岛屿。

一样,这次战争掏空了国库,在这方面若昂五世早就吃过教训,那他为什么还要重燃兵燹呢?因为求他出兵的是教皇,这触动了这位专制君主的内心弱点:他对关于罗马教廷的一切都有着过度的热爱。

若昂五世自小就成长在宗教氛围中。若佩德罗二世的侍童和发小、耶稣会的若昂·德·布里托神父接受了邀请,成为若昂王子的家庭教师,那么若昂五世的宗教情结可能还会更深。然而这位神父不顾朋友和家人的劝说,回到了印度的边远地区,因为传教而遭斩首。一个世纪后,他被封为圣人,今天,在泰米尔纳德邦还保留着以他的名字命名的神学院和圣堂,人们相信,那里的红色土地是若昂殉道时的鲜血染红的。

无论如何,这一位若昂,也就是若昂五世,一直是位热忱的教徒。他为教会花费巨大,科孚岛海战、马芙拉修道院、圣施洗约翰教堂以及仁慈耶稣朝圣所阶梯只是其中的一些重点。出于这样的情谊和葡萄牙在马塔班海岬海战中的仗义,教廷在1717年将里斯本升为总主教区,里斯本总主教区的大主教唐·托马斯·德·阿尔梅达因此成为了西欧三位总主教之一。另外两位分别在威尼斯和罗马。里斯本随之一分为二:东西两半分别为市区和总主教管区。若昂五世再次按照他的行事风格进行纪念:派人重修并扩建工室礼拜堂,使其更加宏伟,也更配得上里斯本的新地位。他用珠宝和白银装饰修道院,还修建了一座新修道院——卢里萨尔修道院,并向它捐献了六千克鲁扎多金币。国王还曾花十二万金币买过一幅教皇祝福的圣像,给耶路撒冷送过一千三百七十七枚金币,在巴西设了两个主教职位。他给罗马的贡献总额达到了一百三十八万金币,都花在了赎罪券和封圣流程中。在参加一次教皇选举会的任务中,他又花费了两百万金币。此外,还有许多小额捐赠,花在国内外的礼拜堂和教堂、支付教廷特使的旅行费以及给红衣主教们的赠礼等。

到了审视这位雄浑国王的内心的时候了,这一切,所有这些疯狂、所有这些狂热、所有这些虔诚,究竟有没有尽头?在野史里,若昂五世有另一个绰号:修女之友。据说,唐娜·玛利亚·安娜在很少见到丈夫的情况下怀孕了六次。若昂五世总是外出,不是忙于国事,就是忙于私情。

在那个年代,国王趁夜间前往妓院和修道院的故事尽人皆知。但后者逐渐成为国王更加偏爱的地方。不过,在国王踏足过的众多修道院中,其中一座逐渐赢得了国王的独宠。国王的账目可以证明这一点,没有哪座修道院在四十四年的时间里得到过和它一样多的捐赠,那就是奥迪韦拉什修道院。这座修道院修建于迪尼什时期,按照野史,葡萄牙国王在偷情方面从不乏先例。

或许可以说,若昂五世就是对修女特别着迷。他有一股难以控制的冲动,只想突破这些"上帝的处女"的禁区。国王可耻地享受着他的私情,它们发生在至高无上的世俗权力和上天与世俗的卑微中介者之间。国王似乎从未想过避人耳目。

当一位新姐妹出现在奥迪韦拉什修道院时，国王已经是那里的常客。这个年轻貌美的姑娘名叫宝拉·特蕾莎·达·席尔瓦·阿尔梅达。若昂五世第一次见到她就被她迷人的面容击中了——一位娇小的女神走下马车，在夜色中短暂停留，然后走进了里斯本郊外的那座修道院。国王立即派人去查明这位诱人的尤物究竟是何方神圣。国王得知宝拉年方十七。不过，把年少和天真相混淆是危险的。事实上，她已经是维米奥祖伯爵的情人了。即便如此，国王就是国王。君命难违，若昂五世要的就是独占这位美人。他和伯爵进行谈判，解决了问题。宝拉属于国王了，而维米奥祖伯爵则要去别处寻觅温柔了。

也许若昂五世重新体会到了少年时对菲利帕·德·诺罗尼亚的悸动，那是他对唐娜·玛利亚·安娜从未有过的感情。又或许国王有了全新的感觉，一种以往从未体会过的感觉。无论是哪一种情况，有一个事实是确定的，青史留名的宝拉修女虽非若昂五世唯一的情人，但肯定是最得宠的一个。三十多年里，他们分别的日子屈指可数。没什么能阻止他们夜复一夜的相聚，他们总是在奥迪韦拉什修道院私会，表现得越来越自然，甚至毫不掩饰他们疯狂的爱情，全然不顾自己是否过于频繁地打扰这上帝的圣地。

仔细算来，两人之间是一种施与与接受的关系。尽管宝拉许下过誓言，但她不觉得享受一些世俗世界中的美好有什么错，她经受不住礼物、美食、享乐和养尊处优的诱惑，无法拒绝国王的殷勤、关心和礼物,毕竟在升入天堂前的炼狱中,我们都是如此的孤独,因此,没有理由拒绝那些能缓解我们痛楚的东西。若昂五世消除了她的这些烦恼,作为回报,她又抓住了若昂五世的另一个弱点:贪吃。奥迪韦拉什修道院还因为另外一种技术出名——制作甜品。在这方面,宝拉同样十分擅长。在那个年代,宝拉修女布丁流行起来,此外还有"天之膏腴"、松糕和橘子酱方糕。国王显然对这些美食爱不释口。

到1736年,国王和宝拉修女的情人关系已经保持了很多年,这位修女情人的权力越来越大,开始影响国王的某些政治决断。"飞行神父"巴尔托洛梅乌·德·古斯芒对这段关系十分担忧,并为此前往塞图巴尔密会塞勒姆女巫。人们认为这些女巫有通灵的能力。古斯芒计划通过作法,终结若昂五世对宝拉修女的宠爱。国王甚至可以接着去修道院,但至少要换一个姐妹,去另一个房间,找个更年轻、更美丽的女孩,但计划失败了。阴谋败露后,这些黑白混血的女巫们被抓捕、定罪。古斯芒却逃走了,之后又不得不逃往西班牙。宗教裁判所在追捕他,因为他计划在空中飞行,而只有上帝才能在那里起舞。

这样,在天使佑护的安宁中,这场罗曼司继续了下去,可国家却已走向沉沦。

严格来讲,没人能说得清宝拉修女对若昂五世好大喜功的工程产生了什么影响,这些工程通常都是敬献给天使和圣徒的。在她出现前很久,修建马芙拉教堂的命令就已下达,但在艰巨的修建过程中附加的诸多装饰就不能说和她毫无关系了。国王在礼拜堂、教堂和教会捐赠中投入的冤枉钱会不会有一些是在她的怂恿下花掉的呢?或者不止是"一些"?在国王吃着布丁、享受温柔的时候,她有没有和国王讨论过为里斯本搞一个总主教区的事情呢?宝拉修女会不会像多年来人们传言的那样,是葡萄牙的影子王后呢?没人知道这一切,但有些事人们是知道的。人们知道他们的夜夜私情花的是国库里的银子,若昂五世沉迷其中,对这位当时最出名的修女毫不吝啬。为了她,为了给她建一座特别的、独有的住所,国王下令在大坎普花园上方修建加尔旺斯·梅西亚斯宫,这座宫殿如今成了里斯本城的一部分。

啊!是的。除了弥撒和祷告声回荡在修道院走廊上的时间外,无论宝拉的房间里发生过什么,都让她过上了清闲富裕的日子。然而,一个专制君主的胃口不会就此满足,绝不会。

宝拉修女可能向国王求取过很多东西,但她得不到的是国王的专一。国王和三个修女生有私生子,其中只有最小的那个是宝拉所生。国王为他们在帕利亚瓦修建了壮丽的阿赞布雅宫,那是里斯本最好的庄园之一。那里后来也被划入了里斯本城区。国王的三个私生子就在那里长大,享受着奢华的生活和教育,以至于民众受此启发,将这座宫殿称为"帕利亚瓦孩子们的宫殿"。

其中最年长的孩子叫安东尼奥。他很长寿,活了将近九十六岁，稀奇古怪地延续了那一段不忠于婚姻却忠于天主教信仰的病态又不可理喻的关系。安东尼奥在科英布拉大学取得了神学博士学位，此后一直在神学界工作。

二儿子起名叫加斯帕尔，他的生母是唐娜·玛利亚·丽塔，人称"桃金娘花"，是里斯本桑托斯修道院的修女。加斯帕尔决心在与同父异母的哥哥相同的道路上多迈一步，他没有进大学，而是进入了神学院，成为一名牧师，在天主教会职阶中攀爬。1758年，他升任布拉加大主教，身居要职三十一年，直到去世。

最后就是小儿子若泽了，他是宝拉修女的儿子。他和同父异母的哥哥若泽王子同名，后者是国王和王后玛利亚·安娜所生，是王位继承人。这位私生子若泽活了八十多岁，死后葬在圣文森特修道院，离他父亲的坟墓不是很远。可那位拥有正统血脉的若泽对他和安东尼奥都颇有微词。后来，若泽一世的首相庞巴尔侯爵下令把帕利亚瓦的孩子们中的老大和老三的墓都迁到了布萨库，让它们在那里度过了难挨的十七年。加斯帕尔逃过一劫，因为大主教的墓可不是说迁就能迁的。

若昂五世从内心深处想为教会做贡献。这种为天主教机构奉献的动力似乎已经通过他血液中的遗传基因传给了他庞大的后代。

然而，这位"恢宏者"要做的还不止这些。毕竟，他不是一位只为修女活着的国王……根据法国间谍彼特罗·弗朗西斯科·维贾内罗留下的文字，多年来若昂五世不理国家政事，大多时间都用来同那些他勾搭上的女人厮混。除此之外，葡萄牙的唐娜·路易莎·克拉拉和抒情歌手佩德罗尼拉·特拉波·巴西利也是国王的情人。据说，国王向这位歌手证明了靠着催情药，他这把年纪的男人依然可以雄风犹在。

这么多激情，这么多甜食，这么多信仰，显然终有一日会把一个男人吃干抹净。若昂五世胆固醇过高，有高血压和抽搐症，据说还患有一种胀气病，曾有一次因不停放屁而不得不独自在阿泽陶独居。

更严重的是在1742年，国王第一次中风。脑出血使得他左半身瘫痪，嘴巴也歪了。他不能走路，甚至不能自己站起来。无比忠贞的唐娜·玛利亚·安娜不得不摄政，而国王又活了八年才寿终正寝。他遍访名医，尝试了泻药、放血疗法和其他更加痛苦的治疗方法。但是显然，他的病超出了那个时代的医学水平。国王于是更加狂热地投身于宗教事业，一想到自己可能得不到永生就瑟瑟发抖。修士和神父围绕着他，用温泉的水为他净身，夜以继日地念诵经文。在生命的最后几年里，国王派人做了七十多万次弥撒。

1744年，马芙拉修道院终于建成了。三年后，教宗授予若昂五世"精忠国王"的荣誉称号，并且可以世袭，让若昂可以豪迈地和西班牙的"天主教国王"和法国的"最基督徒国王"比肩。

然而，这个称号既挽救不了他的生命，也补救不了他的名声。

1750年，若昂五世的病情不断恶化。7月31日，在执行敷油圣事的时候，国王实际上已经昏迷了。若昂五世在几个小时后离世，享年六十一岁，陪在他身边的有唐娜·玛利亚·安娜，还有他的嫡子唐·若泽、唐·佩德罗和唐·安东尼奥，而教会的人，我们所知的只有红衣主教库尼亚尔。

五年后，在诸圣节当天，一场可怕的地震把里斯本夷为平地，也毁掉了许多若昂五世的工程。若昂五世想用这些工程为自己赢得永生之位，并为此赌上了葡萄牙的未来。因此有人说，这是一场天谴。奇怪的是，最具争议的工程反而幸存了下来，比如马芙拉修道院，其宏伟丝毫未减；加尔旺斯·梅西亚斯宫，那是国王为宝拉修女修的住处，今天是里斯本城市博物馆；还有阿赞布雅宫，帕利亚瓦的孩子们的住所，后来成了西班牙大使馆。

12

至死方休
若昂六世和唐娜·卡洛塔·若阿金娜

唐娜·玛利亚一世在历史上被称为"悲悯女王"和"疯女王"。但是,如果说她有什么疯狂行为让后人很难悲悯,那就只有她给儿子若昂王子,也就是未来的若昂六世安排的那场政治婚姻了,事情发生在她因精神错乱而被判定无法治国的很多年前。若昂与唐娜·卡洛塔·若阿金娜的痛苦结合造就了葡萄牙王室史上最不幸的家庭与葡萄牙历史上最动荡的时期。

这段故事讲的是一对从未相爱的夫妻。他们从未有过哪怕一日的幸福时光。相反,他们彼此憎恶和嫌弃,分居在不同的宫殿,只有在国家需要时才会相聚,而且他们不会也不想把政治冲突和夫妻不和区分开来。丈夫若昂六世尽一切所能做足表面功夫,避免王国受妻子个人野心的损害,尽心尽力教育孩子,维持教养与体面。然而,他不断地碰壁。妻子唐娜·卡洛塔勾搭过不知多少情人,在大臣和宫廷之间、殖民地和宗主国之间煽风点火，让孩子们相互敌对，唆使行刺和政变。而且，她还如愿比丈夫活得更久。她如此努力地争权夺利，到头来却不过是过眼云烟。

这也是关于一位孤独国王的故事，葡萄牙人很少回忆起他。这位国王的品行可以用他的绰号来体现："宽仁者"。这个绰号既可以按人们推想的那样理解为性情忠厚，也可以解释为对冷漠和怯懦的委婉表达，因此，拿破仑一进攻他便逃离葡萄牙，而且纵容妻子一再实施破坏性的阴谋。特别要说明的是，若昂六世在巴西比在葡萄牙更受爱戴，在大西洋另一侧的文化中更被推重。今天，整个南美洲还有人研究他，而葡萄牙只视他为那场兄弟阋墙的内战中的二流角色。然而，如果没有他，"真十字地"[1]可能会变成十几个无政府的国家，正如这片大陆其他地方一样。如果他没有逃到里约热内卢，就可能沦为朱诺的俘虏，葡萄牙将会落入更大的危险，而巴西或许会说另外一种语言，有另外一段历史，而绝不会是若昂六世之子佩德罗在伊皮兰加河畔宣布巴西独立的那段历史。

若昂六世出生于1767年5月13日。他是玛利亚一世和布拉干萨的唐·佩德罗生下的第三个取名为若昂的孩子。第一个若昂已经去世，第二个若昂仅仅活了二十四天。二十一岁那年，若昂六世的

---

[1] 葡萄牙航海家佩德罗·卡布拉尔率探险队首次抵达巴西时给这片土地取名为"真十字地"（Vera Cruz）。

父亲去世了，所有的兄弟也都已去世了，从最年幼的到最年长的若泽王子（他本该继承王位，却不幸死于天花）。不久之后，女王就发疯了，很大程度上是因为这一连串家庭悲剧。1792年，医生们宣称女王的精神已经无法处理王国政务，摄政权自然地落到了若昂头上，尽管形式上并不合法，因为应该召开的宫廷会议从未召开，根本没讨论过由谁继承王位。

若昂六世的眼睛消沉而无助，深陷在那张胖脸上，下面是一具憔悴之躯。这个男人对负起治国重任毫无准备。我不想说他在世上是孤身一人——摄政王当时已经结婚七年了，但这并不意味着他没有生活在巨大的孤独中。

若昂六世和唐娜·卡洛塔·若阿金娜的婚事谈判从1783年持续到1785年，整整花了两年时间。卡洛塔是后来成为西班牙国王的卡洛斯四世和波旁的唐娜·玛利亚·路易莎的长女。历史是如此讽刺，连小说都不敢这么写：这个女人有朝一日竟会被称为"克鲁什的毒妇"[1]。她有着毒妇的绰号、毒妇的容貌（或许可以想象一个童话中的公主，不被美神赐福，更甚于她的丈夫），这样看来，她真是个天生的毒妇。玛利亚一世派卢里萨尔伯爵作为使节协商这次婚事，伯爵一见到卡洛塔就反感，尽管她还是个孩子。在写给家

---

[1] 克鲁什宫（Palácio de Queluz）位于辛特拉，原为王室避暑行宫，后为卡洛塔·若阿金娜王后长久居住之所。

人和朋友的信中，伯爵提到年幼的卡洛塔·若阿金娜十分吵闹和叛逆，没有礼貌，懒懒散散。她不愿意梳妆打扮，而且有一股天生不愿听从命令的脾气。可是看起来伯爵的忠言没被当回事，1785年5月8日，十八岁的若昂和未来的毒妇、此时年仅十岁的卡洛塔郑重地结婚了，而正式结合要等差不多五年后女方长大成人。

因此，好几年里，若昂六世和卡洛塔在一起长大。可是，无论是丈夫的陪伴、环境的改变还是时间的流逝，似乎都没把这位未来的王后改造好。她的头发又脏又乱，皮肤坑坑洼洼，嘴唇上长着一层小胡子，牙齿错乱不齐，个头比侏儒高不了多少，这就是她的形象。在性格方面，她也同样不遑多让。

随着拿破仑的军队从欧洲中部跨过边境，制定国防计划变得十分紧迫。一开始，若昂决定和西班牙结盟，因为无论是地理位置还是他和卡洛塔的婚姻都联系着两国。可是后来这个伊比利亚邻国落入了法国之手，变友为敌。葡萄牙军队在橘子战争[1]中迎战昔日盟友，结果导致西班牙至今仍然占着阿连特茹的奥利文萨。葡萄牙的敌人在国境外虎视眈眈，时刻准备攻进葡萄牙。岌岌可危的葡萄牙急需新的军事援助。最终，他们从古老的盟友英国那里找到了援

---

[1] 橘子战争，Guerra das Laranjas，1801年，西班牙军队在法国政府的煽动下，得到法国军队的支持，入侵了葡萄牙。橘子战争是半岛战争的前奏，导致了《巴达霍斯约约》的签订，葡萄牙失去了部分领土，比如奥利文萨，最终为法国军队完全入侵伊比利亚半岛创造了条件。

手。英国出手相助有很多原因，最重要的是他们不愿意看到自己最大的敌人法国占领整个欧洲西部。

然而，就在仓促上阵的摄政王若昂艰难维持外交平衡之时，他的妻子卡洛塔却开始暗中密谋夺权。早在1799年，若昂六世就拒绝了她进入摄政委员会的企图。六年之后，他又发现妻子是贵族谋反的背后主使，他们联合起来试图推翻自己。若昂揭穿了她，将她驱逐出王宫，长期流放在克鲁什宫里。正是从那时起，人们开始称王后为"毒妇"，而她后来的所作所为证明了这个名字恰如其分，唐·若昂将永无宁日。

在"宽仁者"若昂六世和卡洛塔·若阿金娜混乱的婚姻中，有九个孩子先后诞生：本该是王储却夭折了的弗朗西斯科·安东尼奥、著名的唐·佩德罗和唐·米格尔、唐娜·玛利亚·特蕾莎，以及唐娜·玛利亚·伊莎贝尔公主、唐娜·玛利亚·弗兰西斯卡公主、唐娜·伊莎贝尔·玛利亚公主、唐娜·玛利亚·达阿松桑公主和唐娜·安娜·德·热苏斯公主。看着这么多子女，我们不禁会觉得国王和王后只是政见不合，这就大错特错了，夫妻间的不和是发自内心的。据说在这份长长的名单上，只有1801年之前出生的是两人的孩子。1801年之后出生的孩子只流着卡洛塔的血。这如果是真的，那么生于1798年的唐·佩德罗和生于1802年的唐·米格尔之间的敌对就要用一种新的眼光来看待了。哥哥一直站在父亲这边，弟弟则支持母亲。哥哥不得不向弟弟宣战，而弟弟则试图抓捕自己的"父亲"。然而,据说两兄弟小时候曾经相亲相爱,就像两个珍视对方超越一切的好朋友……

卡洛塔的丑陋和邋遢非常具有欺骗性。她在公众面前形象粗犷,有时甚至让人分不清是男是女,这掩盖了一个真相:卡洛塔是一个经年累月不知悔改的花痴。唐娜·玛利亚女王还清醒的时候,试图约束和管教儿媳妇水性杨花的性格。她的本性逐渐藏不住了,从里斯本到里约,从小酒馆的桌边到民众和贵族的讪笑议论,都免不了把王室的名字和她的风流韵事联系在一起。然而,病魔毫不留情地摧垮了女王的健康,若昂六世又缺乏威信,卡洛塔终于可以随心所欲地满足肉欲了,不分人群对象,不分时间,也不分场合。

当若昂六世在里斯本试图稳定战争局势之时,卡洛塔正把各个阶层的男人纳为入幕之宾。比如玛利亚一世的侍卫官曼努埃尔·弗朗西斯科·罗德里戈·萨巴蒂尼,又比如玛利阿尔瓦侯爵和拉马利奥庄园的马车夫若昂·多斯桑托斯。这些名字只是王后长长的情人名单上的一小部分,证明了她的欲望不仅限于权力的范围。当时,因为王后的一长串情人,福斯蒂诺·达丰塞卡编的一段顺口溜一时广为流传,大概是这么唱的:"米格尔的亲爹,不是国王若昂,是若昂·多斯桑托斯,来自拉马利奥庄园。"

另一段风流韵事为当时的编年史家所知,经由他们传遍了全国。她犯下的这桩罪行骇人听闻,而若昂六世作为国王与丈夫的反应也不遑多让,充分说明了他那不一般的性情……据说有一次,卡洛塔陷入了一段奸情中。奸夫名叫若昂·费尔南多·卡尔内罗，三十岁，相貌堂堂，社会地位很高。王后和这个男人时常偷情，她像往常一样，利用权势表达爱意，大力提拔爱人。不久，这位贵族就接到通知，自己成了刚成立的巴西银行的行长。问题是，若昂·费尔南多自己也是有妇之夫。他妻子唐娜·格特鲁德斯·佩德拉可不像若昂六世那样理解人，能对如此明目张胆的通奸视若无睹。又气又恨的格特鲁德斯把这件事传遍了全城，边讲边用她所知道的最恶毒的语言咒骂王后。消息传遍里斯本城和郊区，最终传进了故事主人公的耳朵里……于是卡洛塔谋划报复。一天，唐娜·格特鲁德斯刚逛完街回家，就在家门口被人一枪打中心脏，这是卡洛塔之前惯用的杀人手法。

这可不是一桩无足轻重的罪案，因为牵涉的不是一个无足轻重的家庭。若昂六世听说此事后，立即下令展开调查。很快，大法官阿尔巴诺·弗拉戈索就再次来到摄政王面前，刚刚发现的信息让他气喘吁吁、心绪难平。在王宫里，面对若昂六世，他吞吞吐吐了半天，才终于说出了一句话，与其说是从他嘴里说出，不如说是从他嘴里掉在了地上："杀死唐娜·格特鲁德斯的是黑白混血儿'割耳者'，背后主使是唐娜·卡洛塔·若阿金娜殿下。"摄政王和大法官面面相觑，沉默了好一阵。终于，若昂六世忍不住流泪了。他站起身来，在大厅里来回踱步，最后用几乎嘶哑的嗓音，让大法官把案宗交给自己。国王接过文件，深吸了一口气，然后开始一页一页地撕碎了所有文件，一旁的大法官目瞪口呆。国王撕完后说："我忠实的好朋友，为了葡萄牙，为了巴西，就让这桩案件永远消失吧。"

也许，如同许多人所言，若昂六世实际上一直被卡洛塔·若阿金娜玩弄在股掌之中。这个傻子既不能在国家大事上对付她，也无法维护个人的尊严以及自己和孩子们（而他们将是这个国家未来的领袖）的名誉。事实上，如果把家庭矛盾从国王的生平故事中剥离出来，只记取他在政治领域的作为，那么若昂六世是一个难以否定的人物，贤于治国，人品很好。男人逃不开自己的私事，历史也不可能这样为他们写传记。可以肯定的是，若昂很早就认识到妻子的本性，试图让她改邪归正，并和她分居。可到头来却总妥协，让她留在自己身边。他威胁过王后，却从未兑现。妻子一哭，他就手足无措，而这个女人只会背叛他和密谋反对他，还有她的亲儿子唐·佩德罗。在葡萄牙王室数百年的历史上，再没有比卡洛塔·若阿金娜更加声名狼藉的国王或王后。她野心勃勃、玩弄权术，有时私下密谋，有时明火执仗。她尽其所能搅乱一切、动摇一切、篡改一切、破坏一切，直到自己心满意足。她放荡又挥霍，用疯狂和杂乱危险的激情煽动着国家。有趣的是，她胸前总是佩戴着一块沉甸甸的像章，上面镌刻着丈夫的肖像。她的一生真没法表扬，如果我们采信一些传言，那么她一生的高光时刻可能正如低俗小说里常见的情节：和敌人上床。据说，尽管若昂六世缺乏人格魅力，却倾尽全力拯救国家，避免其落入拿破仑之手，而就在此时，卡洛塔·若阿金娜却把著名的朱诺将军迎进了她在克鲁什的寝宫，正是在他统帅之下，法国军队令整个欧洲大陆陷入枪弹与火焰之中。

动荡的 19 世纪初终于迎来了最关键的时刻。1807 年，法国军队攻进葡萄牙内陆，若昂六世决定启动五十年前由庞巴尔侯爵设计的预案：带领王室流亡巴西。短短两个月时间便组建了一支庞大的舰队，包括八艘大帆船、三艘三桅船、两艘双桅横帆船、一艘双桅纵帆船、一艘补给船以及二十一艘商船。船上搭乘着王室成员、大臣、侍从，还有所有行动迅速并在开船那一刻及时上船的贵族。总共几千人，都是葡萄牙的王公显贵，他们只顾自己逃走，抛下了一个满目疮痍的国家，留下民众和一个临时政府，用来维持国家的统一和与敌人谈判。可以说，这是唐·若昂抛下卡洛塔的唯一机会，可国王没有这么做。民众看到"克鲁什的毒妇"也登船了，大概还得捏一把汗。

有两种看待这段奇幻故事的观点：一种认为这是葡萄牙八百年历史中最怂的行为，另一种认为这是保全国家独立的妙计。如果能看到这一场景，阿方索·恩里克斯会说什么呢？会说摄政王和他的妻子，两个相处不好的丑陋逃犯，现在竟然上了同一艘船？会说侍从搀扶着疯女王逃命？会说政府和宫廷，那些高贵的贵妇、伯爵、公爵争先恐后地抢占船舱里狭小的空间吗？阿方索三世、阿方索四世、努诺·阿尔瓦雷斯·佩雷拉会怎么说？达伽马、麦哲伦，还有成千上万不是为了逃命而登船，而是为了探索与征服的水手们又会怎么说？然而，事实上，这次行动拯救了王室、王权、布拉干萨王朝和所有那些上了朱诺的最佳俘虏名单的人。在其他欧洲国家，包括西班牙，国王和大臣都成了拿破仑·波拿巴大军的人质。而葡萄牙却不一样，半个葡萄牙逃到了另一个大陆，让大西洋成了光荣的护卫。

到达巴西以后，唐·若昂和卡洛塔·若阿金娜继续分居在不同的宫殿里。里约热内卢此时已经成了葡萄牙的首都，摄政王的抑郁症严重，肥胖症也严重了——因为偷吃了太多藏在口袋里的烤鸡腿。痔疮令他不得安寝，甚至无法坐在王座上。但是，在经历这些小小苦难的同时，他看到了曙光，可以解决更重要的事。他确保了帝国的延续，不同于之前的君主，他重视殖民地的解放和发展，提升了巴西的地位，与葡萄牙并立。葡萄牙王室的迁徙永久地改变了巴西的面貌。港口开通了，贸易开放了，皇家印刷厂、皇家商业委员会、文化学院和工业设施都建立起来了。得益于全新的地位，里约热内卢迅速扩张，城市布局和建筑都发生了变化，成为了一座国际大都会，有庆典和沙龙，有丰富的文化和政治生活。1818 年，里约为若昂六世正式登上王位准备了华丽的王室庆典。玛利亚女王，经历了二十四年的疯狂和痛苦后，已于两年前死去。若昂已经做了多年国王，虽然不曾使用国王封号。

那么卡洛塔·若阿金娜呢？她又变成什么样子了呢？

按照史书记载，这些年来卡洛塔·若阿金娜从未想要回报巴西人对她的热情款待。"苍蝇和虱子的国度",这就是她喜欢用来称呼巴西的名字。她一次又一次地试图阻挠政府的行动,不想让巴西得到发展,只想让巴西是个殖民地。得知父兄遭到废黜,她处心积虑,试图夺取西班牙王位,却无果而终。后来,她又企图占据一个州,有自治权而且说西班牙语,但又一次没能获得支持。她终日叫嚣着说等自己回里斯本时眼睛都要瞎了,因为现在只能看见黑人,要摸黑生活很多年。不过,关于她在"圣十字地"的生活,倒是有一个有趣的故事。根据历史学家安娜·罗尔当的说法,卡洛塔·若阿金娜可能是凯匹林纳鸡尾酒[1]的发明者。如果这是真的,那这可能是这位毒妇王后为巴西做的唯一贡献了。或者说,对全人类的唯一贡献。

在那十三年间,葡萄牙的国王与王后和葡萄牙本土不在一个生活节奏上。王室陶醉于南半球的美好,而葡萄牙却在与朱诺作战。拿破仑的军队三次试图入侵葡萄牙,都以失败告终。葡英联军在威灵顿公爵的指挥下一次又一次地抵挡住法军的猛烈进攻,直到对方最终放弃。在确保和平之后,葡萄牙迎来了一个绝无仅有的机会:把自己从几个世纪的专制统治中解放出来。国王不能随心所欲地回国,轻而易举地回到那个被他抛弃的位置上。他必须被逼着回国,

---

[1] 巴西凯匹林纳鸡尾酒(Caipirinha),用青柠、糖、巴西甘蔗酒(cachaça)和碎冰制成,有巴西国饮之称。这款鸡尾酒制作简单,度数稍高,非常好喝,强烈建议能喝酒的读者尝一尝。

而且要承认时代已经变了。

　　1821年7月3日，国王率队进入特茹河。但王室成员并非全部返回：唐·佩德罗王子留在了巴西。国王就要离开，这引发了巴西民众的担忧，害怕失去已经得到的自治权。正史中记载的是，佩德罗王子与父亲达成一致，留在巴西担任摄政王，从而稳固人心。还有一种说法认为王子此时已经开始参与独立运动。另有人说这本是若昂六世自己的意思，因为他意识到巴西很快就要宣布独立了，与其让第一个跳出来的人夺走巴西王位，不如让自己的儿子来坐。历史上的结局众所周知，一年多后，在1822年9月7日，佩德罗王子领导了一场起义，宣布巴西独立，并自封"皇帝"。这一切很可能是若昂六世和儿子事先商量好的，但实际上葡萄牙国王直到三年后才承认了巴西的独立。1825年11月15日，葡萄牙和巴西签署了《和平与联盟条约》，确定了位于大西洋两岸的两个国家未来的关系。

　　不过，让我们先回到1821年7月的那一天。当时有数千民众前往里斯本港迎接王室回国。神采奕奕的卡洛塔·若阿金娜出现在甲板上。下船之前，她脱下鞋子扔进河里。面对惊愕的民众，她说："我不会穿着这双踩过黑人土地的鞋踩上白人的土地。"

　　国王和自由派代表的谈判随即展开。1822年10月，不知被迫还是自愿，若昂六世向第一部《葡萄牙宪章》宣誓，这预示着国王专制权力的终结。议会将分享权力，每三年一次经自由选举产生。

宪法还保证了言论自由、出版自由等诸多由法国大革命和美国独立运动确立的价值观。可是，卡洛塔·若阿金娜终其一生都在渴望更大的权力，她无法接受放弃本已不多的权力。她拒绝签署宪法，并因此受到惩罚：失去了王后的称号和特权，也失去了葡萄牙公民身份。卡洛塔·若阿金娜就这样失去了一切，唯一一件允许她做的事是选择自己的流放地点。

然而若昂又一次心软了。他用妻子身体不好为借口说服了自己，允许她留在国内，住在她熟悉的拉马利奥庄园。

卡洛塔此时已年近五十。也许她已经没了早年的风骚，可她的权力欲却比以往更加强烈。不难想到，如此大的政治变革必然难以一帆风顺。很显然，在人民分走了国王权力的同时，许多贵族特权也逐渐消失，他们一定会反攻倒算……背叛成性的王后感觉到了贵族们的蠢蠢欲动，她知道怎么助长和引导这种情绪朝着对她有利的方向发展，不是直接有利于她——因为就连卡洛塔·若阿金娜本人也知道，她一生树敌太多，难以实现那些野心——而是对她儿子有利，那个儿子可能都不是国王的儿子，而是拉马利奥马车夫的种：唐·米格尔王子。

自那一刻起，卡洛塔投入了最后一场大战：全力帮助儿子。米格尔成了希望恢复专制制度的贵族们的首领，这意味着要推翻若昂六世，夺走他的王位。王后为国内所有的游行示威和政变活动提供支持，包括从希拉自由镇开始的那场政变。1823 年 5 月 27 日，在一个步兵团的掩护下,米格尔王子在希拉发动了政变。当时,若昂六世成功阻止了王子的企图。可王子竟然不到一年就故态复萌。而在那场历史上著名的四月政变中,米格尔做得更过分。他自封"大将军",带领着支持他的军队抓捕了无数平民和军人,把他们投入地牢,还杀死了国王忠实的谋士洛莱侯爵,甚至把自己的父亲包围在本波斯塔宫,试图抓捕他。通过频繁的外交活动,若昂六世最终解除了儿子对军队的控制,释放了政治犯。这次他终于下了狠心,把米格尔王子驱逐出葡萄牙,流放到维也纳。可国王再次对卡洛塔手下留情,使她又一次逃脱罪责,只是被幽禁在克鲁什宫。对她来说这简直不疼不痒,毕竟她对这里的生活已经没有什么不习惯了,也没有人会禁止她干任何她想干的事。

尽管发生了这一切,但接下来国王总算过了几天消停日子,这也是他最后的时光了。他在位的最后这段时期只持续了不到两年。1826年3月4日,国王去贝伦吃点心,返程时感到不适。接着,他接连出现头晕、呕吐、腹泻和抽搐症状,大腿肿得更厉害了。3月6日时,国王在失去意识前下达了最后一个命令:建立一个摄政团,以阻止臭名昭著的卡洛塔·若阿金娜抢班夺权。摄政团将由伊莎贝尔·玛利亚主持,她是国王未出嫁的女儿中最年长的一个,

3月10日,若昂六世心力交瘁,终于倒下了,享年五十八岁。每当一位国王离世,都会有人言之凿凿,说国王是被投毒杀死的,这次也不例外。有人指责自由派,有人则说是专制派所为,还有人

认为就是王后下的手。国王死后的几天里，《里斯本日报》都只说他是死于积食。但事实上，王室的御医报告中对国王每日病情的描述，以及国王编年史官弗雷·克劳狄奥·德·孔塞桑都对国王弥留的六天的情况留有很详细的记录，提到国王有类似中毒的症状。

先不讲这些猜测。若昂六世一死，卡洛塔·若阿金娜就马上活了过来。她用尽各种手段，试图说服议会自己的丈夫实际上在3月4日就死了，并因此坚称国王让女儿而不是自己摄政的遗命只不过是伪诏。王后又一次没能如愿以偿。不久后，她就看到她仇视的儿子巴西皇帝佩德罗一世回到了葡萄牙，成为葡萄牙的佩德罗四世。他签署了宪章——专制派和自由派意见折中的结果，直到今天，还有人认为这是葡萄牙有过的最好的宪法。之后，佩德罗四世把王位让给了女儿玛利亚二世，在一周后回到了巴西。

不过历史还要再多兜几个圈子。由于玛利亚二世年纪尚幼，佩德罗四世允许弟弟米格尔从维也纳返回葡萄牙，向宪章宣誓，实施摄政，直到玛利亚二世成年。哥哥前脚离开，米格尔后脚就违背了他的所有承诺，恢复了专制统治。而卡洛塔·若阿金娜一生中的快乐时光十分短暂，因为实际上她偏爱的小儿子没有把她从流放中解救出来。不久后，在1830年1月7日，卡洛塔死在了克鲁什宫。她死去时孤身一人，不知道她是带着怎样的想法死去的。她没有看到后来佩德罗返回葡萄牙，打了两年内战，把米格尔从王位上赶了下去。

但是，我们还要讲两段故事，来补齐缺爱的国王若昂六世的故事。

第一个故事：尽管若昂六世以老实和怕老婆著称，但事实上他也有过一段婚外恋情。那是1803年的3月，当时卡洛塔第一次被送到克鲁什宫。这时米纳斯吉拉斯总督之女唐娜·欧热妮娅·若泽·德·梅内赛斯突然怀上了身孕，嫌疑落在了国王身上。也许是怕全国人民知道这件事，又或许仅仅是畏惧卡洛塔的怒火，他请求自己的朋友和私人医生若昂·弗朗西斯科·德·奥利维拉照顾这个少女，带着她逃往国外某地。几个月后，国王收到一封信，说欧热妮娅已经生下一个女婴。不知若昂六世后来是否见过她，是否给她起过一个名字。

还有传言说，若昂六世和负责他衣物的侍卫弗朗西斯科·鲁菲诺有染。出身低微的弗朗西斯科在1809年就被封为男爵了，那时国王已经去了巴西，一年后弗朗西斯科又被升为新女王镇子爵。

第二个故事：国王死去多年后，葡萄牙已经建立了自由体制，历史学家奥利维拉·马丁斯重新研究了这场投毒案，并归罪于卡洛塔。"毒液是注射进橙子中的"，他这样写道，1826年3月4日下午若昂六世塞进肚子里的那块无辜的点心又一次回到了我们的视野中。

到了21世纪，里斯本高等技术学院的研究者们决定研究布拉干萨王朝国王们的内脏。死在葡萄牙的国王的遗体都接受了防腐处理，内脏会被取出，埋在里斯本的圣文森特王家墓园。研究为这段充斥着阴谋与背叛，但也诞生了一些英雄的漫长故事带来了一个完美的收场：对若昂六世遗体的分析表明，国王体内的砷含量比正常水平高出四百七十五倍。

13

马西米连诺一世的雕像
佩德罗四世

在里斯本的地图上，没有什么地方能比罗西奥广场更知名了。早在两千多年前，这块地就被用作公共空间。在罗马帝国时代，这里可能是一块跑马场，后来又成了集市。中世纪时，这片区域逐渐被店铺和建筑包围。15 世纪，宗教裁判所建立后，广场北边建起了伊斯塔乌斯宫，东边建起了众圣医院，延伸到今天无花果树广场的位置。1755 年大地震后，在庞巴尔侯爵的命令与卡洛斯·马德尔的设计下，罗西奥广场成了一个长一百六十六米、宽五十二米的矩形大广场，基本形态确立并保持到今天。专制主义倒台后，玛利亚二世登基，阿尔梅达·加雷特[1]主持葡萄牙文化事务，在广场上兴建了国家剧院，正对着旗帜拱门（Arco de Bandeira），周边咖啡馆、

---

[1] Almeida Garrett，葡萄牙浪漫主义代表作家，小说家、诗人、戏剧家。

药店、帽店和烟铺林立。博卡热[1]盘桓于此，经常光顾重建前的尼古拉咖啡馆[2]；埃萨·德·克罗什[3]在这里居住过。许多人曾穿过那条波浪图案的黑白石子路，去往附近的火车站。许多男女受到那个年代伦理道德的迫害，死在了无花果树广场。按照当时的法律，受指控者在这里被处以绞刑。那里有过斗牛，有过节日庆典，有过游行示威，有过竞选活动，甚至还有过一场战争，那是1910年10月，爆发的革命推翻了葡萄牙君主制。今天，游客和市民从四面八方汇集到这里，然后又消失在奥古斯塔大街、黄金大街、鞋匠大街、巴特斯加大街、嘉模大街或者安帕罗大街。

一个半世纪以来，这里发生了无数大事，其中就涉及一位战士，他悬在二十七米的高空，遥遥在上，无法触摸。这是葡萄牙的佩德罗四世暨巴西的佩德罗一世的雕像，他是葡萄牙第二十九位国王和巴西第一位皇帝，有"士兵国王"和"解放者"之称，在大西洋两岸的历史中都是最迷人、最复杂的人物之一。这尊青铜雕像安置在高高的科林斯柱之上，旁边摆放着两座石头和铁制成的喷泉。四边形底座的四个角分别代表力量、审慎、公正、谦逊这四种美德，共同守护着雕像。因为这座雕像，广场的官方名称改为"佩德

---

[1] Bocage，葡萄牙新古典主义诗人。
[2] 建于1779年，很快就成为这个城市的第一家文学咖啡馆，艺术家、共济会会员和作家经常光顾。19世纪中期关闭，1928年重新开业。
[3] Eça de Queirós，葡萄牙现实主义小说家。

13　马西米连诺一世的雕像

罗四世广场",但在人民口中,它似乎会永远被称作"罗西奥"。

这尊佩德罗四世的铜像由加布列尔·达维尤设计,并由埃利亚斯·罗伯特雕铸,面朝庞巴尔下城和以佩德罗四世之女命名的剧院。正是在他的保护下,玛利亚二世登上了王位。然而,比起被人忘记名字,这座雕像还遭受着一个更大的不幸:被人猜疑。有人认为,这尊雕像其实并非佩德罗四世,而是马西米连诺一世,那位稍纵即逝的墨西哥皇帝,代表着法国人对墨西哥的迷梦。

佩德罗四世雕像建成于1870年4月29日,而流言不知道从何时传出。那是路易斯一世时代,他是佩德罗四世的孙子。佩德罗四世高呼"不独立,毋宁死",解放了巴西,之后又不辞辛苦地横渡大西洋,回返祖国,打败了那个篡夺了他女儿王位的弟弟。在里斯本的中心为他修建纪念碑一事已经至少讨论了二十年。尽管安东尼奥·费利西亚诺·德·卡斯蒂略是一位诗人,却拿出了一份建筑方案。1852年,广场中央安放了底座,但雕像未能完成,因为它的第一部分实在太美了,让人浮想联翩,里斯本人很快就给它起了个外号——"调料瓶架子"。于是葡萄牙向全世界征集设计方案,总共有八十七个设计参选,达维尤和罗伯特这两个法国人合作的方案最终胜出。

这两位艺术家可绝非无名之辈。达维尤是建筑师,设计了巴黎的圣米歇尔喷泉、夏特雷的两座剧院和老特罗卡德罗宫。罗伯特是雕塑家,我们至今还能在巴黎奥斯特里茨站、巴黎工艺美术馆和卢浮宫看到他的作品。他们的能力毋庸置疑，但是……

很多文学作品和媒体文章都提到过，这件嵌在里斯本心脏地带的艺术品是个高明的骗局。不少作品出自一些说话颇有分量的人，其中最著名的可能是若泽·卡多佐·皮雷斯《里斯本——船上书》中的一个段落。作为对里斯本如数家珍的人，他引用了一位诗人朋友的话来提出这个问题："里斯本啊！我们让这两个家伙在我们出生的土地上做了些什么啊？亚历山大·奥尼尔，把肩放进垫肩里，[1] 注视着墨西哥的马西米连诺一世，罗西奥广场上的雕像明明是他，却被装成是佩德罗四世。"皮雷斯的回答不太诗意，却很实际："算了吧，就当成是佩德罗四世，为什么不呢？反正不管是谁，国家也没损失，而罗西奥广场还多了一处胜景。"

可是这样荒谬的事究竟是怎么发生的呢？他们是怎样把一位英雄的雕像调包成了一个外人呢？对此至少有三个版本的说法。

第一个版本：墨西哥人、法国殖民者或者马西米连诺一世本人委托加布列尔·达维尤和埃利亚斯·罗伯特为新帝造一座像。然而，正当两位艺术家在法国雕铸作品时，美洲的政治形势复杂起来。1867年，墨西哥民族英雄贝尼托·胡亚雷斯领导了一次起义，推翻了马西米连诺一世并将他枪决。当时，这座雕像已经完成，可

---

[1] 亚历山大·奥尼尔为葡萄牙著名诗人，为葡萄牙超现实主义运动的创始人之一。此处引用了亚历山大·奥尼尔的诗作《垫肩下的肩膀》。

13　马西米连诺一世的雕像

大洋彼岸再也不需要它了。雕像在里斯本中转，被遗忘在港口的某个箱子里，等着有人来把它取走。里斯本官方着手重建罗西奥广场时，遇到了民众对"调料瓶架子"的不满，于是他们想到了一个实际而又绝妙的主意：把马西米连诺一世的雕像从箱子里取出来。幸运的是，马西米连诺一世和"士兵国王"佩德罗四世的体型恰好相近。于是人们把它放到底座上，在上面立了牌子，上书"唐·佩德罗四世"。倒也没说谎，反正也是个国王。这样就算把事办妥了。

第二个版本最为别具一格：墨西哥人、法国殖民者或者马西米连诺一世本人委托加布列尔·达维尤和埃利亚斯·罗伯特为新帝造一座像。与此同时，葡萄牙开始征集佩德罗四世雕像的设计方案，两人的方案同样胜出。他们小心翼翼地包装好两座雕像，送上船。可在到达里斯本港时，两座雕像被不小心搬错了。马西米连诺一世的铜像被吊到了罗西奥广场中央的石柱上，而佩德罗四世的铜像则和他本人一样漂洋过海，只不过这次去的地方更靠北一些。这个版本的有趣之处在于，它意味着在墨西哥的某处可能有一座佩德罗四世的雕像，而那里也许和我们一样有文章讨论"纪念碑的错误"。不过，在马西米连诺一世被推翻和枪决的情况下，墨西哥不大可能还要为他立一座雕像。于是，佩德罗四世的青铜雕像即使离开里斯本港继续旅行，也不一定能到达美洲。或者，也许，它被扔进了大海，至今深藏海底，除非有一天潜水者在深海的鱼群和水藻间发现它，使它变成一个考古学宝藏。

第三个版本：墨西哥人、法国殖民者或者马西米连诺一世本人委托加布列尔·达维尤和埃利亚斯·罗伯特为新帝造一座像。然而，正当两位艺术家在法国雕铸作品时，美洲的政治形势复杂起来。1867年，墨西哥民族英雄贝尼托·胡亚雷斯领导了一次起义，推翻了马西米连诺一世并将他枪决。当时，这座雕像已经完成，可大洋彼岸再也不需要它了——那么沮丧的达维尤和罗伯特这时会怎么处理雕像呢？把它放在自家大厅里？还是花园里？犹疑不决之时，葡萄牙公开征集佩德罗四世纪念雕像设计方案的消息传到了他们耳朵里。建筑师和雕塑师一把抓起"老马西米连诺"，截掉他举着皇帝权杖的胳膊，换成一只举着《葡萄牙宪章》的手，修改了礼服纽扣的样式，戴上一条"塔剑大骑士勋章"项链，然后把它送往里斯本。大功告成，皆大欢喜。葡萄牙有了雕像，达维尤和罗伯特挣到了钱，甚至连马西米连诺都赢得了一些尊严，给他痛苦的黄泉路带来了一些慰藉。

然而，一个半世纪后，互联网这样一种过去的艺术家和君王们从没见过的发明出现了。只需轻轻点击，就能发现很多"都市传说"，比前面那三个版本还要丰富。根据记者罗沙·马丁斯和艺术史学家若泽·奥古斯托·弗兰萨的说法，许多作者都怀疑，传闻尽管很富创造性，但实际上没有发生过，其背后是葡萄牙人常见的"自黑精神"。佩德罗四世和马西米连诺一世的确穿着相似的服饰，但考虑到流行时尚在各国王室间的传播速度，这并不奇怪。两人的

13 马西米连诺一世的雕像

脸孔也确有相似之处,这是种种流言产生的基石。但其他一些神奇的发明揭示了真相,比如长焦摄影设备和神奇的清洗剂,前些年罗西奥广场上的雕像被清洗干净后,人们发现那就是葡萄牙的国王,而不是那个在克雷塔罗被行刑队夺走性命的奥地利苦命人。其他的证据还包括雕像右手拿着的《葡萄牙宪章》,1826 年,佩德罗正是用它平息了自由派和保守派之间的冲突。还有那条"塔剑大骑士勋章"项链,它是葡萄牙具有极高荣誉的奖赏。最后,在雕像上衣的纽扣上,还有精心雕出的葡萄牙的盾徽。

实际上,关于宪章、项链和盾徽的发现足以驳倒前两个版本中的"马西米连诺一世,生于奥地利,死于墨西哥,永生于葡萄牙"这个观点,但还驳不倒第三个版本。人们很难知道达维尤和罗伯特究竟是把一座造好的雕像改了改,还是重新雕了一座。罗西奥广场上的皇帝确实有和马西米连诺一世一样浓密的大胡子,但佩德罗在某些肖像中也有类似的造型,尽管他通常的形象是髭须、梨形胡须或八字胡。

还有一个问题:雕像的底座为什么要修那么高呢?高出了周围所有的建筑,而且,比若泽一世的铜像高出太多太多。那座雕像早一个世纪建成,位于商业广场,那广场就在附近,而且要大得多。俗话说,是什么人不重要,关键是得看起来像。罗西奥广场上的雕像似乎是被故意放得远离了人们的视线,以免人们看出皇帝不对劲。

佩德罗四世和马西米连诺一世素不相识。当佩德罗于1834年9月24日在他出生的克鲁什宫去世时，马西米连诺还只是个两岁大的孩子。

佩德罗·德·阿尔坎塔拉·弗朗西斯科·安东尼奥·若昂·卡洛斯·哈维尔·德·保拉·米格尔·拉斐尔·若阿金·若泽·贡扎加·帕斯卡尔·西普里亚诺·撒拉弗·德·布拉干萨－波旁——这是这位英年早逝的国王的全名。只用了不到三十六年时间，他便将世界踩在脚下，之后又失去了它，不过最后至少夺回了回家的权利。

他的父母若昂六世和唐娜·卡洛塔·若阿金娜相互仇视到死，而佩德罗似乎早早地决定站在父亲一边，反对自己的母亲。他不像别的王储那样受到精心的教导，这似乎解释了他矛盾的性格。自孩提时起，他就容易大悲大喜。他一方面深谙诗歌和音乐，另一方面又好讲粗口，爱和人争斗。面对比自己小四岁的弟弟米格尔，他的态度也是如此：时而打成一团，时而抱成一团。佩德罗四世自小就患有癫痫，更令人们觉得他情绪不稳定。但佩德罗又是条硬汉，喜欢体力劳动，也喜欢从走路到骑马的各种体育活动。他从马鞍上摔下过几十次，摔断过九条肋骨。但这些都吓不倒他，恰恰相反，每一处伤疤背后的故事都让他感到骄傲。

佩德罗四世九岁时，拿破仑的军队侵略了葡萄牙，他父亲决定逃往巴西。王子那一双明亮的黑眼睛将会看惯这条穿越大西洋的航

13 马西米连诺一世的雕像

线:他一生会四次横渡大西洋。他在里约热内卢长大成人,混迹于勾栏酒肆,惯会调情斗殴,让很多男人戴上了绿帽子。但是十九岁时,王子却在圣保罗结婚了,他娶了奥地利公主利奥波尔迪纳,她父亲弗朗西斯科一世是最后一位罗马帝国皇帝和第一位奥地利皇帝,而她的姑祖母则是著名的玛利亚·安东涅塔。然而,佩德罗四世人生中的决定性时刻,要三年后才会到来。

尽管葡萄牙整个王室和精英阶层都逃到了巴西,本土防务需要仰仗一位英国指挥官,却有一件事可以拿来吹嘘:当时几乎整个欧洲都落入了拿破仑之手,很多国家都是一击即溃;而葡萄牙却经受了法国的三次入侵,从未被打垮。在拿破仑遭遇滑铁卢的失败并被流放到圣赫勒拿岛后,葡萄牙可以骄傲起来了,这样一个小国,面对如此巨人,却屹立不倒,即使被自己的统治阶层抛弃(虽然在英国人眼里,葡萄牙只不过比侏儒稍强一点)。

这份骄傲,这份用生命换来的证明,这份没有国王依然能够坚持十三年的确信,会在所有具体事务中贯彻执行。于是,人们开始相信专制领主的时代已经过去了,这种思想在波尔图产生,逐渐传遍全国。西方世界,从法国到美国,已经发生了自由革命,葡萄牙革命的时机也已到来。

1821,葡萄牙召唤王室返回,恢复了他们的部分权力,签署了一份君主立宪的文件。这份法律文件对确立平等价值起到了至关重要的作用,包含议会、选举、权力分立、新闻出版自由和宗教自由。若昂六世国王和仍然身为他合法伴侣的唐娜·卡洛塔·若阿金娜离开了巴西,向里斯本驶去。他们的儿子米格尔年方十九岁,也一起回到了葡萄牙。佩德罗却没走。或许是因为他在巴西长大,或许是因为他支持巴西的独立运动,又或许是因为他和父亲达成一致,如果巴西无可挽回地走向独立,他会统治这个国家。一年多后,当佩德罗得知在葡萄牙有人正运用外交影响力,试图将巴西从王国属地降回殖民地,便决心和葡萄牙一刀两断:在圣保罗的伊皮兰加河畔,他高呼"不独立,毋宁死",最终赢得了独立,被拥立为巴西皇帝。

当时,巴西广袤的土地中,很大一部分尚处于原始状态,为了把它变成一个统一而发达的国家,佩德罗放弃了统治半个世界的机会。留在大西洋彼岸,解放巴西,意味着尽管佩德罗是葡萄牙合法继承人,却不能登上葡萄牙王位,也无法继承葡萄牙帝国。然而出人意料的是,竟有其他国家邀请他成为国王。在摆脱了土耳其四百年的统治后,东罗马帝国曾经的行省正在寻觅国王带领他们走向民族国家的新时代。希腊向佩德罗发来了邀请,因为他是希腊古老的康姆尼纽斯王朝皇族的后裔,但佩德罗拒绝了。西班牙摆脱了拿破仑的统治后,却陷入了专制派和自由派的撕裂中,西班牙认为,佩德罗,一个自由派与巴西的解放者,是执掌国家的理想人选,可他再一次表示只想留在大西洋彼岸,稳固巴西这个新生国家。就这样,面对人类历史上绝无仅有的一个机会,佩德罗说了不。这可是成为整个伊比利亚及其所有海外省的皇帝的机会，统治范围包括拉丁美洲和非洲的很大一部分，甚至延伸到遥远亚洲的菲律宾和中国澳门。

佩德罗只离开过一次巴西，时间非常短，这次离开是为了解决一场可能造成灾难的家庭危机……

1826年，若昂六世不明不白地死去，佩德罗的弟弟米格尔在母亲的支持下窥伺着夺权的时机。于是，时隔十八年后，佩德罗第一次重返葡萄牙。他被拥立为佩德罗四世，但他心里十分清楚自己不能同时戴上葡萄牙和巴西两顶王冠。他感受着葡萄牙的脉搏，感受到发动革命的自由派和为失去特权心怀不满、反对《葡萄牙宪章》的专制派之间的紧张局势。《葡萄牙宪章》是两派妥协的结果，在1822年第一部宪法的基础上剔除了激进主义，保留了旧政权追随者的部分特权。这部宪章吸收了导致巴西独立的那部宪法的精神，几乎没有被修订和中止过，被很多人认为是葡萄牙历史上最平衡的宪法，直到20世纪初废除君主制时方才作废。

最终，佩德罗把王位让给了长女唐娜·玛利亚·达·格洛莉亚。但是，由于女儿只有七岁，他决定让米格尔回国。因为筹划了两次针对若昂六世的政变，米格尔被流放到了维也纳。佩德罗要求米格尔放弃过去的专制主张，履行宪章，和女王成婚，成为摄政王，直到唐娜·玛利亚长大成人。

精明强干的佩德罗四世只做了短短一周的葡萄牙国王，但这足以让他解决威胁葡萄牙安定的问题。之后不久，佩德罗四世就返回了他挚爱的巴西。他是葡萄牙历史上统治时间最短的国王，但同时又是最具影响力的国王。

然而，英雄的光环无法永续。就在那一年 12 月，佩德罗四世的妻子奥地利女大公利奥波尔迪纳去世，时年不到三十岁。人们把她的死归咎于佩德罗。他不仅有数不清的情人和私生子，还想把他们带进皇宫，当着皇后的面生活。他甚至还要求利奥波尔迪纳接受他的一个情人做侍女，并把几个私生子和自己的嫡子一起教育。皇帝的政敌指责他虐待、殴打妻子，剔除其中夸张和机会主义的成分，年轻的王后的确是郁郁寡欢、未老先衰，佩德罗对此难辞其咎。他和桑托斯女侯爵多米提利亚·德·卡斯特罗保持着恋情，即使妻子的死也无法阻止。皇帝和女侯爵一共生了五个孩子，其中三个是在利奥波尔迪纳在世时生的，剩下两个是后来出生的。

皇室阴森的形象引发了人民对这位国父的不满。人们开始指责他独断专权，在巴西皇帝和葡萄牙国王这两个身份之间游移不定。佩德罗遭到重重围攻，即便他已经完成了不可能完成的任务，在一片被部落和殖民者撕裂的大陆上建立起一个统一、庞大、发达、强盛的国家。1829 年，他续娶了洛伊希滕贝格的唐娜·阿梅莉亚，生下了唐娜·玛利亚·阿梅莉亚公主。这场婚姻十分幸福，这使得佩德罗最终离开了多米提利亚·德·卡斯特罗。皇帝说阿梅莉亚是他的救星，可他在巴西的日子已经不多了。各方压力不断加大，这位

13　马西米连诺一世的雕像

"解放者"最终决定体面地退位。1831年4月7日,他传位于佩德罗王子,这是他和早逝的利奥波尔迪纳最小的儿子,王子当时只有五岁,成了巴西帝国皇帝佩德罗二世。

佩德罗·德·阿尔坎塔拉·布拉干萨－波旁(这是他比较简略的姓名)在三十一岁时就这样进入了一种独特的状态:他做过葡萄牙国王、巴西皇帝,拒绝了希腊和西班牙的王位;他做过几百万臣民的君王;而且他本可以做得更多……而现在,他一无所有了。没有王位,没有故乡,他是一个国家的国父,一个皇帝的父亲,却没哪怕一个属于自己的家。

然而,历史对巴西的佩德罗一世与葡萄牙的佩德罗四世这样的人是慷慨的。他们身上似乎有一种能吸引重大事件的东西,屡屡把他们推向革命的前排。

由于女儿那边出了意外状况,佩德罗不得不对抗自己的弟弟。米格尔背弃了他从维也纳回国时立下的种种誓言,下令抓捕、流放或绞死他的政敌,并自立为葡萄牙国王,恢复专制制度。佩德罗返回欧洲,安顿好妻女后就登上了前往亚速尔群岛特塞拉岛的航船。在那里,他成了流亡中的自由派人士的领袖,组建起一支部队。1832年6月,他们在葡萄牙北部登陆并包围了波尔图,就这样揭开了葡萄牙历史上最后一个真正血腥的章节:1832—1834年内战。

兄弟对兄弟、葡萄牙人对葡萄牙人,佩德罗几乎一直占据上风。1834年5月26日,双方通过签订《埃武拉蒙特和约》达成和平,米格尔承认失败，前往德国，在那里生活了三十二年，直到死去。尽管米格尔从未放弃篡位的野心，并声称自己是在强迫下才签署了和约，但他后来还是把自己的珠宝首饰交给哥哥，用于资助葡萄牙的战后重建。两兄弟间的关系非同寻常，从佩德罗当时感动的言语中就能看出来："这些确实是我米格尔弟弟的东西啊……"

筋疲力尽、得到宽宥，这位年纪不过三十五岁的士兵国王佩德罗已经拥有了太丰富的人生。他恢复了《葡萄牙宪章》的权力，把米格尔篡夺的王位归还年已十五的女儿玛利亚二世。然而，他连这场加冕典礼都无法亲自参加。在克鲁什，佩德罗卧床不起，呼吸困难、极度疲惫，内战期间就已出现的病症恶化了。他写下了遗嘱，把自己的心脏留在了波尔图——自由主义运动的中心。

四天后，这位"解放者"，这位拥有一切又一无所有的国王去世了。尸检显示他的死因是肺结核。人们把他的心脏取出，做防腐处理，准备作为圣物收藏在波尔图的拉帕教堂。就在此时，他们发现了不寻常之处：佩德罗·德·阿尔坎塔拉·布拉干萨－波旁的心脏比常人要大。

仔细想来，很少有什么事如此意味深长。

马西米连诺一世的故事讲起来就要快一些了。他于1832年7月6日出生在维也纳，就在两天前，佩德罗四世率领自由派军队在潘佩利多登陆，开始了葡萄牙内战。马西米连诺一世的母亲是索菲

13　马西米连诺一世的雕像

亚·德·巴维拉,父亲可能是奥地利大公弗朗西斯科·卡洛斯,但一直有人怀疑他的生父实际上是拿破仑二世,如果真的如此,那么马西米连诺一世就是拿破仑·波拿巴的孙子。他长大后在海军服役,参加了在特里埃斯特打败意大利的战斗。他与唐娜·玛利亚·阿梅莉亚公主很亲近,打算和她结婚。可这位少女却在1853年意外离世。马西米连诺一直对她念念不忘,据说他一生从未离身的戒指里藏着一小束早逝公主的秀发。

但生活还得继续。四年后,马西米连诺和比利时的卡洛塔公主结婚。很显然这场婚姻并非出于真爱,而是出于财政需要,因为他用妻子的嫁妆偿还了在特里埃斯特建造一座城堡时欠下的债务。

我们永远都不会知道马西米连诺大公爵有什么人生规划,可是他的命运开始逐渐不由自己掌控,而受别人的意愿驱使。应岳父的要求,他前往米兰,在那里接手了奥匈帝国的一片土地,今天那里属于意大利领土。对这片土地,马西米连诺既无才干又无诚意。他逐渐失去了对这里的控制,最终被皇帝解除了职务,和妻子返回他的城堡。在此之后,他的死亡宣判就要到来了。

法国拿破仑三世皇帝说服马西米连诺去把墨西哥建成一个可堪与盎格鲁-撒克逊人治下的美洲相匹敌的帝国,于是,马西米连诺放弃了他在欧洲的爵位,前往那个大西洋彼岸的乌托邦。马西米连诺深信法国和教廷会给予他支持,1864年,他在维拉克鲁斯登陆,号称马西米连诺一世皇帝,意图在玛雅文明和阿兹特克文明的沃土上建立一个庞大的天主教帝国。然而，可怜的马西米连诺遇到的是一个不愿忍受外来统治的民族，他们不要外国皇帝，也不要有人代替他们思考。反对力量揭竿而起，一呼百应。马西米连诺一世向南望去，看到了巴西这个繁荣和稳定的先例，于是决定去向他的那位表哥佩德罗二世寻求灵感和联盟。

然而，时光飞逝，马西米连诺一世却没能认识到那些政界的老狼们下手有多快……

法国人入侵后，墨西哥总统贝尼托·胡亚雷斯遭解职，可他仍可自由活动。他成功地召集了一大批支持者，并在全国范围内掀起了游击战。亚伯拉罕·林肯治下的美国支持墨西哥共和派，拒绝承认马西米连诺一世为合法君主；法国意识到解决问题的唯一方法是牺牲生命和金钱打一场得不偿失的战争。于是，拿破仑三世从墨西哥撤回部队，劝告马西米连诺一世带上妻子返回欧洲。可皇帝仍然相信自己的梦想，他御驾亲征，向贝尼托·胡亚雷斯进攻，双方不久就在首都附近遭遇。

共和军俘虏了马西米连诺一世，判处他死刑。这时他离三十五岁生日还有几天。他妻子卡洛塔哀求宽恕，但毫无用处，她后来又活了漫长的六十年，死于比利时的一座城堡中，死前已经精神失常。维克多·雨果为马西米连诺一世求情，同样没能奏效。1867年6月19日，在行刑队的包围下，马西米连诺一世这个不被自己帝国接受的皇帝，请求他们取下自己胸前佩戴的圣母玛利亚像章，把它寄给他早逝的未婚妻玛利亚·阿梅莉亚的母亲。

据说马西米连诺一世被子弹洞穿前留下的最后一句话是："墨西哥万岁！"

我们注意到佩德罗四世和马西米连诺一世之间确实存在一些共同点。他们都是成了美洲皇帝的欧洲王子，然而佩德罗四世成了万民拥戴的胜利者，马西米连诺一世却注定要书写一段充满了悲惨和失败的短暂故事，因此我不想在这一点上对比他们。联系起两人的，是他们之间模糊的血缘关系，奥匈帝国王子和葡萄牙人的儿子佩德罗二世——这位他钦佩并梦想可以模仿的巴西帝国皇帝——有亲戚关系。然而还不止这些，因为这个世界啊，真是太小了……

让我们回到马西米连诺一世的青年时代，他在海军服役时遇到了初恋，一份令他神魂颠倒的恋情。他爱上了一位公主，哪怕后来他和卡洛塔成了婚，也没能让这份爱火熄灭。公主名叫玛利亚·阿梅莉亚，人们称她为"花之公主"，是佩德罗四世与唐娜·阿梅莉亚·德·洛伊希滕贝格唯一的女儿。

玛利亚·阿梅莉亚三岁丧父，和母亲一起在葡萄牙长大。几年后，年幼的公主在慕尼黑的一次家庭聚会上认识了马西米连诺。大公永远忘不了那一幕。那是1852年初奥地利海军的一次航行，他在马德拉岛的丰沙尔市登陆，玛利亚·阿梅莉亚当时正在此地居住，大公此行是为了向她求婚。求婚成功后，马西米连诺回到了特里埃斯特，第二年 2 月，他惊闻噩耗：年仅二十一岁的玛利亚·阿梅莉亚去世了，和她父亲一样死于肺结核。

马西米连诺一世和佩德罗四世都是著名王室家族的王子，也都是古老王朝的后代，这场没能实现的婚姻并非他们唯一的交集。马西米连诺确实无可救药地爱着玛利亚·阿梅莉亚，对她的死难以释怀。1859 年，在和卡洛塔结婚两年后，他还返回马德拉岛，重游他和"花之公主"走过的地方。他走访了公主生前居住的"七苦庄园"[1]、以她的名字命名的医院，还有其他地方，马西米连诺留下了这样一段话：

> 我满怀忧伤，再一次看到马希库山谷和美丽的桑塔克鲁什，七年前，我们在这里度过了多么美好的时光……这七年充满了幸福和悲痛，充满了磨难和悲苦的幻灭。我履行了我的诺言，再次回到这里，去海浪下找寻缓解我痛苦的办法，欧洲大陆无法安抚我动荡的灵魂。抚今追昔，我感到一种深深的忧郁刺穿了我。七年前我热爱生活，乐观地迎接未来，而如今我已疲惫不堪，往昔的痛苦如同重担在肩……1853 年 2 月 4 日，她因为肺结核在这里死去，她是巴西皇帝的独女，上帝天赋异禀的造物。没有她的世界不再完美，她就像一个纯洁的天使，回到了天堂，那里才是她

---

[1] 庄园因七苦圣母教堂而得名。

13　马西米连诺一世的雕像

真正的故乡。

在回忆中,马西米连诺再次提到马德拉,认为在那里,"我那本该充满平静幸福的人生"毁灭了。

失去了玛利亚·阿梅莉亚,失去了马德拉,失去了他的特里埃斯特城堡,马西米连诺前往墨西哥探险,他在那里向佩德罗二世求助,并非是因为他是巴西皇帝佩德罗,而是因为他是他早亡的未婚妻的长兄。马西米连诺的临终遗愿仍然是回到玛利亚·阿梅莉亚身边,为此,他把那块雕着圣母玛利亚的胸章寄给了公主的母亲,也就是佩德罗四世的遗孀、巴西帝国皇后。

或许我们永远也无法确认里斯本罗西奥广场上巨大的石柱上站着的是谁。更重要的是这座神秘雕像背后非同寻常的故事。这座纪念碑记载着神秘,记载着我们愿意相信的故事。

无论如何,唐·佩德罗四世仍在那里。或是以雕塑的形态屹立在那里,或是存在于马西米连诺一世心里。这位悲惨的皇帝至死还爱着佩德罗四世的小女儿。

14

纯洁的秘密
佩德罗五世和唐娜·埃斯特法妮娅

> 我们默默无语,手牵在一起,他吻了我的额头。我的眼泪滚落,他眼里也噙着泪珠,我们久久对视,无需多言,却已心意相通。

这看起来像是诗人一篇日记的开头,又像是小说家描述的一个完美却虚幻的瞬间,两个天生一对、无需言表的人最终相见。这段文字很符合现代风格,却并非出自专业作家笔下,而是出自皇室成员之手。这是唐娜·埃斯特法妮娅王后写给母亲的一段信函,信中记录的是1858年5月17日她在里斯本的一座码头与新婚丈夫唐·佩德罗五世初次见面的情景。

她刚刚到达里斯本,而他仿佛也是刚到不久。两人都还不满二十一岁。前一个月的29日,他们通过代理的方式在德累斯顿的圣黑德维希主教座堂完成了婚礼。她是霍亨索伦-西格马林根侯国

14 纯洁的秘密

的公主,而他是葡萄牙国王。在婚礼上,代表国王的是国王的大舅子、新娘的哥哥利奥波德王子。在 21 世纪的西方人眼中,这种做法有些奇怪,但在 19 世纪中叶,却十分常见。现在,在这里,两个人面对面,一言不发,在婚约上盖上自己的印鉴。第二天,他们举办了一场正式的婚礼,供民众观瞻。需要办几场,他们就会办几场,因为很少有什么事像王室联姻这么有意义。佩德罗和埃斯特法妮娅终于到家了。

也许你还记得一千埃斯库多钞票上的他。在很多年里,那是葡萄牙面值最大的纸钞。在钞票中央,印着一个男人的形象,他纤细的头发和小胡子修剪得一丝不苟,脸型棱角分明,双目炯炯有神,眺望着远方。他有笔直的双肩,摆出斯芬克斯一样的姿势,这个形象把完美君主那永恒的青春凝固了下来。这个人就是佩德罗五世,葡萄牙最后几位国王之一,也是葡萄牙最受爱戴的国王。

佩德罗五世是带着希望的光环长大的,这位国王必须弥合内战对葡萄牙造成的创伤和撕裂。多年前,佩德罗五世的祖父佩德罗四世和叔祖父唐·米格尔兵戎相见。两人分别代表在全世界范围内对立的两种意见:自由主义和专制主义。佩德罗的母亲唐娜·玛利亚二世很大程度上缓解了国家的伤痛,但她仍然是一位通过战争上台的女王,被失败的一方引以为耻。因此,佩德罗五世成了葡萄牙一个新的开始,人民对他的形象油然而生一种爱戴之情,一如他们对因爱情而闻名的佩德罗一世和失踪的塞巴斯蒂昂的那种感情。

这个年轻人的所有故事都增进了这种感情。据说他一岁半的时候就能听懂葡萄牙语、法语和德语。他弹得一手好琴,剑术和射击都很娴熟。他画作中坚定的线条备受好评。他从小接受充满道德准则的人文主义教育,否则他母亲也不会在历史上得到"教育者"的绰号。他深入民众,参加社会劳动。他喜欢撰写和准备演讲。后来,他用笔名在《当代杂志》上发表文章,像一位普通的评论员那样点评国际时政。

毫无疑问,佩德罗不是个寻常的年轻人。他抱怨说,那些在辛特拉度假时接近王室家庭的年轻女孩都是白费力气。他从很小的时候就有亚历山大·埃尔库拉诺为伴,这很能说明他的性格以及他作为女王长子为将要承担的职责所做的准备。当时,埃尔库拉诺已经成为葡萄牙的道德权威,然而还不止于此。这位道德权威对葡萄牙的状况十分失望。他绝非常人,曾是一位"战士作家"。在战场上,他手执兵刃,与佩德罗四世并肩作战,实践了他在文学作品中捍卫的思想。战争胜利后,他自然而然地受邀成为这个他帮助建立的政权的官员。埃尔库拉诺前去履职,但很快就大失所望。他选择埋首于图书馆而不是议会,他不再任实职,而是编纂第一部《葡萄牙通史》、写作历史小说。最终,他决定放弃这个国家,无论他怎么做,这里的人们总是汲汲于功名利禄,在这里他感受不到新生的力量,只有陈规旧习、阴郁颓废,于是他选择了归隐田园。他用一生的积蓄在里巴特茹买了个庄园,在那里种橄榄树,制橄榄油,人们说他的离开让葡萄牙的政界、知识界和国家都孤立无援,而他却充耳不闻。埃尔库拉诺正是佩德罗想要促膝夜谈的那个人,他们会讨论科学、文化,或者也会探讨一些寻常事物,比如天气好不好或者橄榄怎么摘。

我要再重复一遍,王子不是个普通的年轻人。有人说在葡萄牙历史上,他是为成为国王准备得最充分的王储。

这个时刻来得比预想中早。佩德罗十六岁时,母亲去世,把王位留给了他。他的父亲费尔南多二世答应摄政,直到儿子长大成人,以便他能完成学业。佩德罗已经对书籍和艺术颇有了解,他现在还需要增进对世界的认识。

1854年,佩德罗在弟弟唐·路易斯的陪伴下登上明德罗号蒸汽轮船,开始游历欧洲。他结交了许多哲学家和知识分子,这些人对他的施政产生了永久性的影响,我们之后再写。他与欧洲最具影响力的王室建立起友谊，特别是英国王室。佩德罗和维多利亚女王及其丈夫建立了持久的联系，一年后，当他再一次游历欧洲之时，他回到英国探望他们。

1855 年 9 月 16 日，佩德罗五世年满十八岁，正式登上王位。父亲继续陪伴在他身边，为他执政出谋划策。佩德罗接下来的统治十分短暂却很杰出，可以用一个词来概括：模范。

与埃尔库拉诺和更晚一些的埃萨·德·克罗什的悲观论断不同，在那段时期，葡萄牙实际上迎来了一段难得的发展期。在 1855 年底，佩德罗五世发出了葡萄牙的第一封电报，第二年他又为连接起里斯本和卡雷加杜的第一段铁路剪彩。不久后，葡萄牙和安哥拉之间实现了海上通航。

人民喜爱国王的另外一点是他的亲民和恤民。他热心于大众教育，鼓励欧洲经典文学的翻译，向孩子们分发书籍。他在内塞西达迪什宫和马芙拉大教堂附近各建了一所王室学校。他废除了吻手礼这一君主专制时代遗留的过时礼仪，还在王宫的大门口放置了一个绿箱子来收集人民的意见，只有他有箱子的钥匙。他继续追随人文主义的思想路线，继续执行母亲支持的理念，拒绝批准死刑并主张废除奴隶贸易，这两个问题是人权思想中的两个关键主题，葡萄牙在这方面成了先驱之一。不过，葡萄牙人已经意识到自己的国际地位江河日下。一艘法国贩奴船在莫桑比克靠岸，佩德罗五世下令扣留船只、拘捕船长。法国做出了愤怒的反应，要求葡萄牙立即释放船长和船只,并由葡萄牙政府支付赔偿。

佩德罗英俊、亲民、践行人文主义价值,是理想的君主。在葡萄牙最需要一位像他这样的君主之时,他担负起了国家的前途命运。那些年,葡萄牙频繁受到瘟疫的袭扰,先是1853年到1856年的霍乱。刚刚平息霍乱,又爆发了黄热病。成千上万个家庭都在为死去的家人哭泣,其他人也生活在对传染病的恐惧中。一栋栋房子荒废了,剧院关门,市场停业。可怕的不仅仅是死亡和疾病——还有恐惧。成千上万的人锁上家门,逃离里斯本,希望能在瘟疫到来前逃到外省。葬礼都改在夜间进行,参加的人寥寥无几。

面对逃难潮,国王的态度恰恰相反,他选择前往飓风的中心。他全力抗击瘟疫,给医院资金支持,帮助那些破碎的家庭。他亲自前往疫情最严重的地区,查探医疗机构和发热病房。他和病人的亲属一起陪护,就坐在病人的床头同病人讲话,不顾大臣们一次又一次的劝说,劝他保护自己,不要染上瘟疫。国王不仅努力为抑制疫情和救助灾民提供财政和物资支持,更重要的是,他表现出了国王拯救国家的气概。他与众生平等相处,真正地宣告了专制君主的死亡。生灵涂炭之中,佩德罗五世沉着坚毅,爱民如子。人民于是称呼他"圣人国王",在控制了疫情、埋葬了死者后,他们在国王身上找到了依靠,能够再次站起。

因此,我们不必奇怪为什么给佩德罗五世挑选王后的事成了一项全民工程。他的妻子,必须配得上这位英俊、优雅、有修养的国王，还得有和他一样的人文素养。

民间流传着很多名字。有很多猜测，很多流言，各种候选名单放在王宫里的桌子上，全国各地都在评头论足、添油加醋。在欧洲各国王室的外交机构中，一场争夺盟友和影响力的竞赛开始了：为葡萄牙国王挑选一位王后。

西班牙试图把伊莎贝尔二世的女儿阿斯图里亚斯公主嫁给他。比利时提出的人选是利奥波德一世的女儿卡洛塔公主，但她似乎对这桩婚事不感兴趣。她最终嫁给了墨西哥的短命皇帝马西米连诺一世，在丈夫去世后，作为"薄命红颜"的代表艰难地生活了六十年。在葡萄牙国内，人们说起玛利亚·德·孔塞桑，这是一位优雅的贵族女子，执着地向国王献诗。还有人猜测国王和曼努埃拉·雷有私情，这位女演员二十二岁就英年早逝，没能实现她前途无量的人生。

实际上，佩德罗五世似乎对这些女人都漠不关心。他是位严肃而忧伤的观察者，更喜欢埋首于国家治理以及与埃尔库拉诺的长谈中。国王的守贞生活与他弟弟路易斯的生活方式形成了鲜明的对比。路易斯常常造访夜店，寻欢作乐。后来，路易斯成了国王，仍然恶习难改，过着双面人生，白天是国王，到了晚上，得益于当时还没有形成媒体社会，就用"塔瓦雷斯博士"的假身份微服私访。他在朋友马加良斯·库蒂尼奥的陪同下离开王宫，走遍全城，寻芳问柳。他的第一场外遇，或者至少是流传最广的外遇，是和女演员罗萨·达玛赛诺发生的,他们生下了一个私生子,也可能是两个。

不过这都是唐·路易斯一世的生活。佩德罗五世只有一个女人,就是1858年5月18日在圣多明各教堂的圣坛上站在他身边的那个女人。那是她到达里斯本的第二天,几周前他们已经委托他人在德国代办过婚礼,这一天他们又举行了正式的婚礼。王后湛蓝的双眸熠熠生辉,一身雪白的婚纱,手里捧着的橙花正好把婚纱切成两段。教堂外面的天气也一改之前的狂风暴雨,一片大好春光,仿佛是上天对这场婚姻的肯定。这或许预示着一个更美好的新时代即将来到。教堂外,民众也等待着祝福这对新人,他们跟随着国王的随从,一路走到内塞西达迪什宫,一路打量着王后。民众当场就彻底确信,他们的"圣人国王"陷入了爱河。

那么,这位普鲁士公主是怎么来到佩德罗五世身边的呢?唐娜·埃斯特法妮娅用了什么办法打破了佩德罗五世忧郁的孤独生活呢?有人说许多年前佩德罗游历欧洲时就在杜塞尔多夫认识了埃斯特法妮娅,彼此倾心。那一年他十七岁,她也十七岁,如果这段故事是真的,那就解释了为什么国王对人们给他介绍的其他女人漠不关心。但是官方的说法是,在里斯本码头的那次见面是两人第一次亲眼见到对方,那是在婚礼前夕,他们紧握双手,无语泪流。还有第二种传言,说两人走到一起曾颇费周折,是在伦敦迎来了转机。

在第一次到访白金汉宫之后，佩德罗五世一直和英国女王保持联系。维多利亚女王欣赏他的仪表和性格，一度想把自己的一个女儿嫁给他。她后来向朋友坦承，只是因为两国王室分属不同的基督教教派，才没能实现联姻。做不了岳母，那就做个媒人吧，维多利亚女王接受了为佩德罗五世选后的任务。在这个过程中，她发现了霍亨索伦－西格马林根侯国卡洛斯·安东尼奥王储和约瑟芬娜·弗雷德丽卡公主的女儿。女王得知，这位公主的相貌人品都与她的葡萄牙朋友很像。公主受过良好教育、十分优雅，和佩德罗五世同龄，在艺术和语言方面颇有天赋，会说葡萄牙语，直到十二岁前都跟随父亲生活在西格马林根城堡。他父亲是普鲁士陆军的师级长官，负责杜塞尔多夫、温伯格和柏林地区。

1857年4月28日，佩德罗五世向维多利亚女王修书一封，感谢她费心为自己物色王后，并寄来那位迷人的霍亨索伦公主的肖像。他看中的不仅是公主的美貌，更重要的是女王对她的描述：朴实、优雅、向往人文主义。三个月后，在拉夫拉迪欧伯爵的斡旋下，葡萄牙国王向霍亨索伦－西格马林根侯国卡洛斯·安东尼奥王储求娶他的次女。第二年4月，国王派代表与公主完成了婚礼。在前往里斯本的路上，人们要求公主稍稍绕一段路：维多利亚女王坚持要抢在新郎前面，亲眼见见埃斯特法妮娅公主。他们一路经过奥斯坦德、杜塞尔多夫、布鲁塞尔和多佛尔。5月6日，葡萄牙的新王后抵达白金汉宫。在父亲、哥哥利奥波德王子和女王的陪伴下住了五天。维多利亚女王确定自己原来的判断没有错，派出一支舰队护送佩德罗五世的新娘，直到她在里斯本靠岸。之后几个月里，行事周到的葡萄牙国王连续向英国女王夫妇寄去好几封信，感谢他们的帮助，向他们讲述自己和埃斯特法妮娅的幸福生活。

让我们回到圣多明各教堂。国王夫妇和随行的队伍离开教堂，前往王宫，一路上都是欢呼的人群。突然，出现了一个刺耳的杂音，纯净无染的场景中有了一点小瑕疵。一滴血从王后洁白的脸颊上流了下来，侍女们匆忙脱下王冠换上花冠时划伤了王后。这本是个小小意外，但迷信的人站出来做了解读，说这是个恶兆。恶兆，可那天早上的阳光特别明媚，佩德罗和埃斯特法妮娅的结合又特别完美，仿佛亲临现场、经历那一刻带来的幸福能驱散任何不好的预兆。送亲队伍一路前行，跟着它，国家再一次拾起了梦想的能力。

唐·佩德罗五世和唐娜·埃斯特法妮娅是一对特别的国王夫妇。在经历了那么多充满利益和牺牲的婚姻后，王室仅仅作为公共机构存在，没有半点真正的温情可言。因此，这对国王夫妇的真心相爱震惊了葡萄牙。他们就像一对普通的情侣，在辛特拉宫的花园里牵手散步，私下里静静地看着对方的眼睛。佩德罗把政务之外的所有闲暇都给了埃斯特法妮娅。有时他实在脱身乏术，就通过寄信缓解相思之苦。埃斯特法妮娅在给母亲的一封信中写道："我们真是两个孩子，佩德罗去打了三天猎，我们互相写了四封信。"

几个月后，有报纸言之凿凿地说，根据可靠的消息来源，可以确定王后已有身孕。很快，更加"可靠"的"消息来源"又否认了这些流言。佩德罗和埃斯特法妮娅不在乎这些流言，也不在乎捕风捉影的报道不断涌现。他们更喜欢在本菲卡散步，去拜访伊莎贝尔·玛利亚公主，在王宫里品茶，享受爱情的甜蜜。王后把这一切都写进了给母亲的信里，记录下这段难得的童话故事。

除了私人生活，国王和王后有着共同的社会价值观和一致的政治观点。他们一起建立了许多公立医院和慈善机构。

第二年夏天，埃斯特法妮娅在特拉法里亚坐船游览后，在返程途中身体不适。几天后，在从新文达什步行返回的途中，她又因高温中暑。王后入院治疗，病情严重。佩德罗五世全天守在医院里，陪伴在病床前。他曾经无数次陪护过素不相识的人，这一次，他陪在了妻子身边，像一位美丽而忧郁的天使守护在那里，等待着病痛结束。在满二十二岁仅仅两天后，1859 年 7 月 17 日的黎明时分，唐娜·埃斯特法妮娅王后因白喉去世。她留下的最后一句话是："请好好安慰我的佩德罗。"

在给王后的遗体换好一身白衣后，医生让侍女再次把王后的王冠换成橙花花冠。在写给部长会议主席特塞拉伯爵的讣告信中，佩德罗五世表示会尽力维护国家的现状："我和我的人民共同遭遇了不幸，理智告诉我，我不能抛下他们不管……我的心属于这土地，我的灵魂已升天堂。"每隔十五分钟，炮声响起，覆盖整个王国，仿佛一张巨大而沉重的裹尸布，国王在有生之年里都不会忘记。维多利亚女王致信利奥波德国王，为他妹妹的香消玉殒安慰他。尽管她无法理解荒谬的死亡，但试图让他看到埃斯特法妮娅已经去了天堂。

妻子离世让佩德罗五世痛彻心扉。他变得更加自闭、孤独和哀伤。人们再也没有在他身边看到一位新王后，报纸也不允许传播任何这方面的谣言。佩德罗就这样老了，过早地老了。作为国王的导师和朋友，亚历山大·埃尔库拉诺叫他"二十二岁的老人"。在得知王后死讯的那一天之前，人们从没见过埃尔库拉诺为谁哭得那么伤心。

然而，尽管生无可恋，唐·佩德罗五世依然在治理国家。他付出了孤独的代价，沿着母亲的前路，建立了师范学校、教育总局，以及里斯本大学文学院的前身"文学高等教育课程"，他为此从自己的个人收入中掏了九十一康托[1]。同时，为了完成妻子的遗愿，他派人修建了一座儿童医院。

但佩德罗五世并没有比埃斯特法妮娅多活太久。或许这是他无法向旁人坦露的愿望。这位曾在满是霍乱和黄热病病人的医院里穿梭的国王，在去往阿连特茹的一次寻常出游中去世。1861年10月，他和几个兄弟前往维索萨镇，返回途中感染上了一种神秘的病毒。费尔南多第一个死去。11月11日，国王本人去世。之

---

[1] 康托为葡萄牙旧币单位，一康托相当于一千埃斯库多。

后，奥古斯托也病发身亡。12月，轮到若昂病死。他们几个的症状完全一样。

突然之间，几乎整个王室家族就这样消失了，只剩下唐·路易斯王子。恐惧再次降临在葡萄牙，这次的恐怖更胜以往。谋反、投毒、集体暗杀等流言大肆传播。葡萄牙在举国哀痛中度过了一个可怕的圣诞节，街上时不时发生骚乱。若泽·埃斯特旺[1]精辟地描述过那些骚乱："这是一场痛苦的安那其，反对的是死神的暴政。"

佩德罗五世死在家里，即内塞西达迪什宫，二十四年前，他就出生在那里。他生命的最后八年足以让他成为葡萄牙历史上最杰出的君主，他经历的爱情悲剧也为国人所熟知。佩德罗的疑似死因是伤寒。国王被葬于圣文森特王室墓园，陪伴在妻子身边，他们美丽又纯洁，像是两个降临人间的天使，在人民心中留下了永恒青春和完美的幻觉。

后来，唐娜·埃斯特法妮娅尸检报告中的一些细节被披露出来，让葡萄牙人瞠目结舌：因为罹患白喉病，王后的外阴上长了一片假膜。在检查王后外阴时，医生们发现她竟仍是处女之身。臣民们不想提出疑问。既然佩德罗和埃斯特法妮娅初次相见时就能默默无言地相互理解，那么葡萄牙也应竭尽所能，不用言语去打

---

[1] José Estêvão，1809—1862，葡萄牙记者、政治家、演说家。

扰他们。

　　作为布拉干萨王朝的独苗,唐·路易斯从法国返回葡萄牙登上王位。1877年7月17日,他为哥哥下令修建的医院举行了落成典礼。路易斯一世把医院的妇产科命名为"马加良斯·库蒂尼奥"[1],就是那个和他一起在里斯本彻夜鬼混的伙伴。不过,这家医院彰显至今的依然是埃斯特法妮娅的名字。

---

[1]　马加良斯·库蒂尼奥实际上是一位非常杰出的外科和妇产科医生,曾担任里斯本医学协会的第六任主席。

15

最后的君主
恩里克·德·派瓦·科塞罗

科塞罗不算一位国王,可他又远不止是一位国王。他活着,葡萄牙的君主制便活着,尽管它于1910年10月5日就已收到了官方的死亡证明。

恩里克·米切尔·德·派瓦·科塞罗生于1861年岁尾,那是路易斯一世在位的时代。科塞罗出生于里斯本,父亲是位葡萄牙将军,母亲是改信天主教的爱尔兰新教徒。这种出身解释了科塞罗一生秉持的种种信条:守纪、严谨、威严、坚定的天主教信仰,对军人品德的坚信。他还有一个相当重要的品质,并非从任何人身上继承而来,这就是他与生俱来的勇武精神。

十七岁时,他作为志愿兵进入国王枪骑兵团服役。一年后,他成了第一炮兵团的一名准尉。又过了一年,他进入陆军学校学习。对于一个决心戎马一生的人而言,本来一切都已按部就班进入正轨，但是1881年6月24日，他和妹妹在希亚多[1]散步时碰见路易斯·莱昂·德拉·托雷，两人一言不合，发生口角。路易斯出言不逊，惹得科塞罗勃然大怒，他突然觉得两人之间的分歧无法用语言解决，便将路易斯痛打一顿。这次口角的结果是，路易斯躺了四十二天，科塞罗则被捕入狱，一年三个月零十八天后才获释。出狱十五天后，他就平静地回到陆军学校。这段经历在某种程度上改变了他吗？伤害了他吗？让他心平气和了吗？恐怕没有。

接下来的七年里，科塞罗继续着军旅生涯。他学习了剑术和骑术，按照正常的轨迹逐渐晋升。直到1889年的夏天，葡萄牙才明白科塞罗并非池中之物。柏林会议[2]之后，葡萄牙不得不实际占有海外领土，避免它们落入其他欧洲列强之手。科塞罗自愿前往安哥拉服役。

同年9月1日，科塞罗在罗安达登陆，当即被任命为翁巴塔非常规骑兵队队长，开始同在莫桑梅德斯高原上为非作歹的匪帮作战。然而，下属们纪律涣散，令科塞罗十分不满，他很快就转向另一项任务：平定安哥拉。他带领一支部队穿越近一千千米的荒原，挺进非洲大陆深处。此前从未有欧洲人踏足这片区域，葡萄牙希望

---

[1] 里斯本的一个地区，位于市中心。
[2] 1884年由德国首相俾斯麦主持并在德国柏林召开的帝国主义列强瓜分非洲的会议。

通过著名的"粉红地图计划"[1]将安哥拉和莫桑比克连接起来。科塞罗的任务就是探索这片地区并迫使土著领主臣服。

在数月的远征后，国内突然要求科塞罗立即放弃行动。在里斯本，一年前刚刚登上王位的卡洛斯一世屈服于英国人的最后通牒，把这片土地割让给了英国王室。科塞罗选择了一种如同他当年痛殴路易斯·莱昂·德拉·托雷那般简单粗暴的解决办法，他决定从此不再使用米切尔这个母姓，与自己的英国血统一刀两断。

很快，带着短了一截的名字，科塞罗又接到新任务。安哥拉总督吉列尔梅·德布里托·卡佩罗交给他的工作与其说是一个任务，不如说是一场冒险：赶在英国人前面，沿着库邦戈河探索两千六百千米完全未知的土地，并确保土著酋长向葡萄牙国王称臣。

科塞罗出发了，仿佛要去完成世间最平常的任务。1890 年 4 月 30 日，他离开巴伊隆杜，开始顺流而下，一个接一个征服了遇到的十六个酋长。他详细记录了当地的地理状况和接触过的民族。正好三个月后，在 7 月 30 日，科塞罗到达了穆库索，这本已是总督定下的目的地，可他决定要趁热打铁，继续前进。他乘小船顺流而下，到达戈马尔岛后又折回比耶。在那里，他和阿图尔·德·派

---

[1] 葡萄牙在 19 世纪末期提出的计划。在该文件中葡萄牙声称对安哥拉和莫桑比克之间的土地拥有主权。该文件宣称之范围人约是今天赞比亚、津巴布韦和马拉维的部分或全部疆土。这个计划与英国试图连接开罗和开普敦的计划冲突，遭到英国的强硬反对，引发英国下达"最后通牒"。

瓦一起推翻了几个月前挑战葡萄牙主权的栋多酋长。在完成了这个额外任务后,他又前往加兰甘雅,探索了宽扎河,查看了当地的盐矿,并设法让四名酋长归顺葡萄牙。

最终,在近一年半的风餐露宿后,科塞罗回到了奎托,他一路冒着生命危险,回来时还感到有些发热。天知道他经历过怎样的食宿条件。1891年2月17日,海军和海外省部长发来通知,他的服役期已经结束。是时候回故乡了。

在返回葡萄牙前,当地人把一枚塔剑骑士团的复刻镶钻金项链送给还在住院治疗的科塞罗。在里斯本,他受到了热烈的欢迎,获得了功勋项链,并在几个月后升任骑士团的高级军官,作为他为祖国做出卓越贡献的奖励。科塞罗年方二十九岁,便已拥有了比很多八十岁的人更丰富的人生。

在科塞罗探索非洲的这些年里,葡萄牙局势出现了一些变化,君主制受到了质疑。七个半世纪以来,葡萄牙一直有自己的国王,不论他是好是坏,总归是葡萄牙民族认同和国家团结的化身与象征。而现在,有人质疑君主制是不是最好的制度。自从1876年共和党建立,共和派议员就进入议会。1880年甚至发生了一场支持共和制的大游行,现在类似的活动连绵不绝。废除君主制的想法绝不是个别现象,也不局限于里斯本的精英阶层中,它已经被当作一种实实在在的可能性传播开来。

科塞罗深知转折是何时到来的，正是那次转折让他抛弃了自己的母姓，那就是英国人发出了最后通牒。唐·卡洛斯一世卑躬屈膝，把葡萄牙的海外领地拱手让给英国人，以飨大不列颠帝国从开罗到好望角统治整个非洲的梦想。葡萄牙人感到羞耻。两位艺术家创作了一首名叫《葡萄牙人》[1]的进行曲，追忆葡萄牙伟大的祖先，号召人民反抗英国。1891年1月31日，就在科塞罗回到葡萄牙的几周前，发生了一件不久前大家连想都不敢想的事：有人在波尔图策动政变。虽然这场建立共和国的尝试归于失败，但终归是一次预演。

不过，彼时科塞罗似乎对政治还不太热心。尽管立下了赫赫战功，他仍旧是一名士兵。

8月，他在圣塔伦安顿下来，一年后又被调到里斯本。但是，科塞罗曾到过遥远的非洲，探索过茫茫的荒原，走到从未见过白人的土著面前，告诉他们住在里斯本和维拉维索萨的唐·卡洛斯一世是统治他们的君主，区区军营中要发生什么样的事情才能让他这样的人感兴趣呢？据推测，1893年，百无聊赖的科塞罗向第一炮兵团申请去摩洛哥，在外籍军团中服役。他的请求得到了批准。

---

[1] 1911年成为葡萄牙国歌，1890年的原版歌词中有"向着英国人，前进，前进"的歌词，1957年改为"冒着炮火，前进，前进"。

从那年年末到 1894 年初,他在梅利利亚参加里夫战争[1]。1894年底,他戴着一枚西班牙颁发的军功章回到里斯本军营。

这一次,科塞罗只需再抵受几个月的无聊。1895 年 10 月,莫桑比克发生动乱,聪加人进攻首都洛伦索·马尔克斯城。同时,英国继续和葡萄牙掰手腕,以葡萄牙无力统治为由,威胁夺走莫桑比克。为了同时解决两桩难题,欣策·里贝罗政府任命安东尼奥·埃内斯为驻莫桑比克皇家专员,而科塞罗作为从非洲归来的英雄人物,受邀协助这次任务。毫无意外,科塞罗欣然应允。

1895 年 1 月 18 日,安东尼奥·埃内斯和恩里克·科塞罗在东非海岸登陆。形势十分危急:葡萄牙人被叛军包围在洛伦索·马尔克斯城。埃内斯运筹于帷幄之中,科塞罗决胜于千里之外,一场为期一年的战争打响了。

瓦图阿斯国王冈古纳是莫桑比克南部大多数部落实际上的首领,科塞罗集中力量专门对付他,开始了旷日持久的作战,后来还因此负伤。2 月在马拉夸内、9 月在马古尔,分别打响了两次关键战役,科塞罗悉数取胜。在 1895 年年底前,葡萄牙的另一位非洲英雄莫西尼奥·德·阿尔布开克在柴米特俘虏了冈古纳。叛乱

---

[1] Guerra de Rif,里夫战争,又称西摩战争,指西班牙为侵占北摩洛哥于 19 世纪下半叶至 20 世纪 30 年代进行的数次战争。

就这样被镇压了。

科塞罗甚至在这场战争中途抽空打了另外一仗,一场与英国媒体的战斗。用他自己的话讲,这些媒体一向对葡萄牙不善。他把一个英国记者撂倒在大街上,又去酒店房间里揍了另一个英国记者。第三个挨打的是美国记者,他在酒吧和朋友喝酒时被科塞罗抓住扇了一顿耳光,先是用手,后是用他发表文章的报纸。安东尼奥·埃内斯当时有些尴尬,不得不训斥了自己的副手,但后来又坦承自己当时恨不能亲上科塞罗几口。

1895年12月18日,恩里克·科塞罗离开洛伦索·马尔克斯城,朝里斯本驶去。他的圣诞节是在公海上度过的,但这一夜很平安。一种良心上的绝对平安。

科塞罗成了传奇人物。刚抵达里斯本,他就被授予"祖国功臣"称号,史无前例地连升二级,被任命为塔剑骑士团将军。他还得到了唐·卡洛斯一世荣誉侍从武官的称号,加入了国王的军务府。他赢得了无数勋章、称颂和表彰。科塞罗年方三十四岁,赢得的勋章却已超过了很多部队的总和。

或许是该到安顿下来的时候了。就在1896年,科塞罗结婚了。茱莉亚·玛利亚·德诺罗尼亚成了葡萄牙民族英雄的妻子,她是帕拉提第二伯爵的独女,这场婚姻让科塞罗正式与王室沾了亲。而且,他们的证婚人就是唐·卡洛斯一世本人。科塞罗离开了疆场，在陆军参谋部得了一个闲职，人们把他当作一座活着的丰碑看待。

一名战士在这些文山会海面前能忍受多久呢？和上一次比的确忍得久了一些，但也久不了多少。1901年，科塞罗又回到了安哥拉。这次他的任务是监督卢卡拉河和马兰热河之间的机械牵引试验。他实实在在地完成了任务，但在撰写的报告中提到了一些别的内容：他的政治忧虑，特别是对葡萄牙殖民政策的担忧。

之后的岁月里，直到死去的那一刻，科塞罗始终直言敢谏，不与任何政党或政权结盟，只坚持自己的原则。在公开讲话、采访和媒体文章中，他批评葡萄牙的殖民地政策和两党轮流执政的议会体制。他认为，正是这些政策和体制导致葡萄牙走了下坡路。他成了祖国的道义担当，指明了救国的道路。1902年4月，他向议会致信，痛批他们把关税收入抵押给外国债主，要求削减财务预算。不久后，他又果断地痛骂了海军和海外省部长安东尼奥·特谢拉·德索萨，称其为"叛徒"，因为他向一家英国公司出让了洛比托－本格拉铁路沿线九十九年的建造权和勘探权。因此，科塞罗自然而然地从民族英雄变成了当局眼中的头号公敌。

尽管立下过赫赫军功，科塞罗还是在同年12月被排挤到了埃武拉，出任炮兵督查副官。过了十一个月，卢西亚诺·德·卡斯特罗在上台后减轻了对科塞罗的惩罚，将他调往克鲁什宫。三年后，科塞罗从幕后迈到了台前：他进入了政界。科塞罗加入了振兴自由党并当选议员。他积极投身政治,对军队和殖民地问题尤为关注。但是在 1907 年 5 月 2 日,随着若昂·弗朗科在国王的支持下解散议会、实施独裁统治,科塞罗的议员生涯戛然而止。

这一年科塞罗四十五岁,对他来说,人生才刚刚过了一半。

差不多在同一时间,安哥拉总督爱德华多·达科斯塔去世。接替他的人选必须得到内阁和国王的信任。他们选中了科塞罗。果然,他在非洲的人生还没有结束。

两年时间里,科塞罗凭借当年深入安哥拉所获得的实地认知和自那时起形成与发展的政治思想治理安哥拉。他十分重视占领与保护领土,提防外部干涉。他发展经济,建立移民定居点和通信网络。而且,尽管他的身份已经不再是军人,承担的职责也与军事无关,但他还是回到了战场上,以个人名义领导了数次平叛战争。1909 年 7 月,科塞罗因为中央政府没有给予充分的自主权而提出辞职,尽管在安哥拉的欧洲侨民请求他留下,他还是选择了离开。多年后,有外国历史学家把他和历史上最有名的殖民者相提并论,而科塞罗曾经的政敌,葡萄牙共和国时代的驻安哥拉高级专员诺顿·德马托斯将军也曾说,正是有了科塞罗打下的基础,他才得以开展工作。

不过,科塞罗回到葡萄牙后发现,这已经是一个和他离开时完全不同的国家。似乎每次他离开葡萄牙,葡萄牙都会死一个国王。王室开销增加,公共债务上升,若昂·弗朗科的独裁政府引发人民

15　最后的君主

不满，最新通过的法律决定将政治犯流放到殖民地，还有其他种种因素一起作用，最终酿成一场悲剧。1908年2月1日，唐·卡洛斯一世携妻子和两个儿子在度假后回宫，从宫殿广场[1]经过时，为了表示自己不畏惧反对者，选乘了一驾敞篷马车，结果被人开枪刺杀。身为王储的路易斯·费利佩王子也遭枪杀，只有受轻伤的小王子唐·曼努埃尔和唐娜·阿梅莉亚王后活了下来。两名刺客分别名叫曼努埃尔·布伊萨和阿尔弗雷多·路易斯·德索萨，他们是"卢西塔尼亚烧炭党"成员，该组织建立的唯一目的就是终结君主制。两名刺客被侍卫当场击毙，但现实已经再清楚不过：君主制或许还能延续个一年、两年或者三年……但已经时日无多了。

独裁者若昂·弗朗科逃离葡萄牙，曼努埃尔王子即位成为曼努埃尔二世。这个十八岁的青年完全没有治理国家的准备，父亲和哥哥在自己面前被枪杀的恐怖场面令他惶惶不可终日。共和党坚决撇清弑君的嫌疑，并且试图与王室达成和解。这是一个折中的方案，将会给予人民更多权利，并且有利于葡萄牙进一步世俗化，可谈判没能达成一致。葡萄牙开始建立一个维持稳定的政府，但新政府很快又成了众矢之的。随着王室的力量日渐萎靡，共和党人意识到通过和平手段无法达到目的。在国外，有关承认葡萄牙共和国的谈判已经展开。在军营里，部队逐渐开始重新组织。人人都知道革命已

---

[1] 即今天的里斯本商业广场（Praça do Comércio）。

经一触即发,只是不知道究竟在哪一天开始。

科塞罗在这样的绝境中抵达里斯本。他前往克鲁什宫,在那里接任马炮团的指挥官。一年后他才再次参与政治,在媒体上发表了一封公开信,呼吁人民反对革命,捍卫君主制度。科塞罗显然不信任当局,但同时他也不支持共和派。他捍卫的是传统主义君主制的回归,没有议会存在,施行民族主义,弘扬天主教。

就在1910年的夏天,唐·曼努埃尔二世给了君主制致命的一击。他把政权交给了以特谢拉·德索萨为代表的左派。几年前,科塞罗还叫过他"叛国者"。右派保守主义者彻底失败了。埃加斯·莫尼斯、若泽·玛利亚·德奥伯因、里贝拉子爵布拉瓦等著名的保皇党都直接从支持政府倒向了支持共和派。这样一来,既然君主和保皇党都不反对左派了,那君主制还有什么存在的意义呢?

就这样来到了1910年10月3日、4日和5日,革命刚一开始就失去了两位首领——米格尔·邦巴尔达遭到暗杀,坎迪多斯·雷斯自杀身亡,革命过程中许多军营纷纷食言,按兵不动。同时还有许多小细节处理不当。这样的一场革命竟然推翻了八百年的君主制,因为已经没有人愿意捍卫它……难道,还有人愿意捍卫它吗?

在1910年10月4日凌晨四点,正在卡斯凯什的岳父家度假的科塞罗被人唤醒,得知共和派起义军正在攻打兵营,已经控制了停靠在特茹河的巡洋舰。国王被困在内塞西达迪什宫,由枪骑兵团保护。正是需要这位曾经的战斗英雄重回战场的时候。而科塞罗恰恰是体制最主要的批评者,从咖啡馆到政治台前都认为他是最可能站出来推翻政权的人。

科塞罗穿上衣服就出门了。火车都已停运,他一路从卡斯凯什步行到克鲁什,一到军营就开始寻找他的炮兵队。但当时炮兵队去了坎珀里德高地,科塞罗直到中午才见到他们,那个"组织"保护王权的场面简直是既悲伤又搞笑。

科塞罗完全洞悉局势:起义军聚集在圆形广场,火炮数量不多,但很精良。顺着大街往下走就能遇到驻扎在罗西奥广场的王室部队,他们由戈尔让·恩里克斯指挥,但没有采取什么特别的行动。特茹河里有两艘巡洋舰在共和派的控制下,其中一艘已经向内塞西达迪什宫开了炮。能够选择的目标不多了,科塞罗把他的四门炮集中在一起,向圆形广场开炮。双方交火,互有死伤。科塞罗手下一个步兵也没有,无法向圆形广场发动有效的进攻。他只能留在那里坚守使命,血战到底。那时他四十九岁,仍是一名战士。

在一场武器匮乏的战争中,通过攻心战可以打倒更多敌人。共和派大肆散发宣传册,说革命进展顺利。到了下午两点左右,又有一艘巡洋舰向内塞西达迪什宫开火,迫使国王逃往马芙拉宫,在那里有步兵战斗学院保护他。连国王都跑了,还有谁能留下来保卫君主制呢?

下午,科塞罗继续和圆形广场的起义军交火,双方伤亡都不严重。他冒险用手中为数不多的步兵发起进攻，但是无功而返：他带领二十名士兵试图袭击第一炮兵团，被对方击退。他现在不是在非洲的荒原中，而是在城市里作战，在他自己的家乡作战，这一切对他来说仿佛只是一场模拟战争。科塞罗说，如果给他两到三个连的正规军，加上一个连的市警卫队，他就能平息这场暴乱。但安东尼奥·卡瓦利亚尔将军非但没有给他任何帮助，还命令他停火并退回罗西奥。科塞罗后来才知道，卡瓦利亚尔实际上早已和起义军串通好，对方承诺在新政权建立后给予他一个高位。

尽管这个命令莫名其妙，但它毕竟是命令，而科塞罗也执行了。为了安全抵达罗西奥，他不得不另选路线，直到夜幕降临才赶到。看到革命如火如荼，却没有人驱逐圆形广场的叛军，更多的人鼓起勇气加入了叛军队伍。烧炭党成员切断了里斯本周边的铁路、电报线和电话线，把城市团团包围。国王到了马芙拉，可步兵学院的大部分士兵都在休假，只剩下一小部分保护他。

面对这样的形势，加之驻扎在罗西奥的部队态度冷漠，科塞罗集合人马，登上托雷尔丘。他们在那里用所剩的弹药向圆形广场开炮。战斗持续到黎明，双方不得不摸着黑交火，因为公共照明已经被掐断了。

10月5日早上的前几个小时里，双方都还看不到胜利的曙光。由于担心哗变的两艘巡洋舰里的两千名士兵会登陆，或者会直接从特茹河里开炮，保皇军司令部陷入了一种束手无策的沮丧境地中。

首相特谢拉·德索萨已经机敏地在几个小时前逃跑了。很快，国防部部长也追随而去。圆形广场上的民众越来越多，托雷尔丘上的弹药越打越少。大势已去，但加速结局到来的却是一段轶事。

早上七点，新任德国驻葡萄牙临时代办从王宫大街酒店出发，拿着一面白旗走到罗西奥军营，请求军队暂时停火，让交战区滞留的外国公民撤走。戈尔让·恩里克斯答应了，可当德国人到圆形广场向叛军提出相同的请求时，人们误以为那面白旗是保皇军投降的标志，纷纷冲上街头。街道上满是向叛军的临时指挥官马萨多·桑托斯欢呼胜利的人群，托雷尔丘和罗西奥的军队都不敢开炮。但是，当科塞罗从山丘上下来，到达司令部时，荒唐可笑的一幕映入了他的眼帘：叛军和保皇军、共和派和保皇党朝天开枪，在开心地联欢。

与此同时，共和党的领袖们已经登上了里斯本市政厅的阳台，宣布葡萄牙建立共和国，甚至没有等为他们带来胜利的真正功臣马萨多·桑托斯。"全体人民，陆军和海军，团结在相同的理想下，宣布葡萄牙成为共和国！"若泽·雷尔瓦斯说完这句话后，就开始宣读新的临时政府名单。阿方索·科斯塔在前一天晚上刚刚改好这份名单，把他自己的名字放在了司法部部长的位置上。

身处里斯本下城区的安东尼奥惊诧莫名，而科塞罗则前往马芙拉保护国王。刚到马芙拉，他就得知了又一个令人震惊的消息：几个小时前，唐·曼努埃尔二世国王、唐娜·阿梅莉亚和唐娜·玛利亚·皮亚已经乘王室的快艇离开了葡萄牙，他们像难民一样在一群疑惑的渔民的围观下从埃里塞拉出了海。

在前往直布罗陀的路上，唐·曼努埃尔二世在阿梅莉亚号上给已经不复存在的政府首脑写了一封信：

> 我亲爱的特谢拉·德索萨，形势所迫我不得不登船离开。我是葡萄牙人，永远都是。我坚信，无论在什么样的形势下，我都会始终履行我作为国王的义务，我愿全心全意，用自己的生命效忠于我的国家。我希望葡萄牙相信我的权利与牺牲，有朝一日能认识到这一点。葡萄牙万岁！

葡萄牙一些地区的民众直到几天后才从报纸上得知葡萄牙废除了君主制，自己成了共和国的公民。大家纷纷加入共和派，很多当了一辈子保皇党的人拍着胸脯宣誓效忠新政府。在10月5日前后，很多公职人员、市政官、使节根本没变。

至于科塞罗，在革命的第二天，临时政府就派人询问他对刚刚建立的共和国的态度。这名战士平静地说："只要是人民承认的政府，我就承认。可是如果人民统一不了意见，如果北方人和南方人达不成一致，我就会一直忠于传统。"

几天后，他辞去了军职，并在作家若阿金·莱唐的采访中解释了原因："这么多年来，我在印着城堡和盾牌的蓝白色国旗下工作与奉献，我习惯了通过这一象征阅读我祖国的历史，不觉得自己可以抛弃它。为了让这一根植于民族灵魂中的标志赢得全世界的尊重，一代又一代的人付出了努力。就我个人而言，我感觉自己已经老了，无法为新国旗需要的荣誉贡献力量。"

但故事还没有结束。

1911 年是新闻层出不穷的一年。在到达直布罗陀后，唐·曼努埃尔二世和他母亲唐娜·阿梅莉亚流亡到英国。两年后，他在那里和唐娜·奥古斯塔·维多利亚结婚。儿子完婚后，唐娜·阿梅莉亚去了法国。在此之前，年迈的唐娜·玛利亚·皮亚选择直接回到自己的老家意大利。1911 年，革命爆发九个月后，她离开了世界。而年轻的共和国又发生了些什么事呢？太可怕了。

曾经坐镇指挥革命的马萨多·桑托斯如今成了新政府的首要批评者，这主要是因为新政府召集的成员与共和派当初和他商量好的不一样。因为反对政府，他后来被拘捕并流放到亚速尔群岛。共和党内部也开始分裂，形成了三个敌对的政党。政府内外批评声如同暴雨一般袭来，甚至包括来自临时政府首位总统特奥菲略·德·布拉加的批评。葡萄牙就此进入了漫长的动荡循环之中，政府不断更替，每次都撑不过几个月。科塞罗自然不会袖手旁观。

5 月，他前往国防部，交出了他的宝剑，说："我辞去我的职务，准备去国外谋反，你们如果想抓我就来吧。"没人把他的话当真，可科塞罗说这话是认真的。10月4日，在共和国建国一周年的国庆日上，科塞罗领导了一场政变，试图恢复君主制。他从西班牙发起进攻，在维涅斯市政厅的阳台上升起葡萄牙王国的国旗，并攻占了沙维什市。三天后，他在与共和军作战时失利，退回加利西亚。12月，科塞罗、唐·曼努埃尔二世和国王的表兄弟唐·米格尔·德·布拉干萨在伦敦商讨《多佛尔协议》。根据这份协约，唐·米格尔将承认唐·曼努埃尔为葡萄牙国王，作为交换，唐·曼努埃尔承诺，如果将来去世时没有留下子嗣，就把王位传给米格尔的儿子唐·杜阿尔特·努诺。

1912年6月17日，在被告缺席的情况下，波尔图法院以入侵维涅斯为罪名宣判科塞罗有罪，判处六年监禁或十年流放。法院认为该判罚十分"留情"，是因为他们考虑到这名罪犯曾对国家有所贡献。

这份判决应该没有吓倒科塞罗，因为不到三周以后他就为了恢复君主制发起了第二次进攻，并再次在沙维什落败。11月，法院又在科塞罗缺席的情况下宣判他有罪。

到了1914年，第一次世界大战爆发。1915年时，阿方索·科斯塔政府强行令葡萄牙加入战争。这届政府举棋不定，不知道该支持哪一边。5月14日，里斯本的一场暴乱导致数百人死伤。科塞罗的房子被洗劫一空，所有的勋章都被偷走了，包括那枚绝无仅有的塔剑骑士团三级勋章，还有贝尔蒙特－奎托－本格拉地区授予他的那枚镶钻的金项链。因为这场暴乱,曼努埃尔·德·阿里亚加辞去了总统职务。也是在这一年,新上台的政府邀请科塞罗回来出任安哥拉总督。但科塞罗拒绝了邀请,因为他不愿意以任何形式为共和政府效力。

1917年到1918年间,国内外局势剧烈变化。葡萄牙加入了协约国一方作战,美国也加入了协约国,俄罗斯因为爆发布尔什维克革命退出战争。在法蒂玛,三个孩子声称每个月13日圣母玛利亚都会在他们面前显灵,吸引了越来越多的信徒和好奇者前来。12月,军人及前葡萄牙驻德国大使西多尼奥·派伊斯领导了一场政变,上台执政。他获得了对共和国失望和反对参战的势力的支持,宣布建立"新共和国",废除了1911年宪法中的许多规定,与天主教会重修旧好,实施独裁统治。一年后,西多尼奥·派伊斯被人暗杀。战争倒是在协约国的胜利中结束了。一些葡萄牙军人列队从凯旋门下走过,但是没什么好庆祝的,战争不但造成了许多死伤,还导致国家负债累累。西班牙流感与通货膨胀一起吞噬了国家,大街上到处都是排队等着供应粮食的民众,为了填饱肚子,民众不断发生暴乱。

在葡萄牙已经濒临无政府状态的情况下,恩里克·德·派瓦·科塞罗准备实施一项他筹谋已久的救国计划。

12月23日,西多尼奥·派伊斯遇刺事件的余波尚未平息,海军司令康托－卡斯特罗找来塔马尼尼·巴尔博萨组建新内阁。可就在这一天，拥护西多尼奥独裁的南方军人委员会和北方军人委员会拒绝恢复第一共和国，也就是1910年宣布建立并实施1911年宪法的那个政治体制。北方军人委员会反应更为激烈，1月3日，他们建立了军人管理委员会，自认西多尼奥主义的继承者。之后，关于是否恢复第一共和国体制的争论席卷了全国，毫无意外地带来了争斗和还没开始就已经结束的暴动。

在紧张局势最终引发混乱之前，康托－卡斯特罗和塔马尼尼·巴尔博萨加快组建新内阁，巴尔博萨在1月15日就任内阁总理，两天后卡斯特罗被议会任命为共和国总统。西多尼奥去世刚一个月，他的"新共和国"就已被埋葬，所有人都在准备着回到旧体制。就在这时，发生了"剧院政变"。

1919年1月19日，恩里克·德·派瓦·科塞罗进入了波尔图，开始阅兵，宣布恢复君主制。他的女婿安东尼奥·卡洛斯·德·阿泽维多少尉举起蓝白旗帜，全场唱起了国歌。这首国歌不是《葡萄牙人》，而是近一百年前佩德罗四世在《葡萄牙宪章》里规定的那首国歌。科塞罗同样恢复了《葡萄牙宪章》，废除了1910年10月6日以来葡萄牙共和国通过的所有法律，包括西多尼奥独裁时期公布的法律。五十八岁的科塞罗，历尽沧桑之后，终于抵达了这里，他对着士兵发表了这样一段讲话：

15　最后的君主

　　士兵们！蓝白旗在你们面前飘扬！从阿方索·恩里克斯在奥里克为了保卫国家与摩尔人战斗，到唐·曼努埃尔二世平息非洲暴乱，在马古尔、库雷拉、夸马托等多场战役中维护我们的领地，蓝白一直是代表葡萄牙的颜色。葡萄牙在1910年抛弃的不仅是蓝白旗，更是它的历史，而抛弃历史的民族必将走向衰亡。士兵们！军队是国家至高无上的代表，因此，我们必须捍卫这面旗帜，即使在最艰难的环境下也必须保护它，无论面对内忧还是外患，只要这面旗帜陷于危难，我们就要力挽狂澜。抛弃历史是致命的错误！我们的军队反对这样的错误，所以我们再度举起了过去的蓝白旗。这面旗帜为我们指明了一条高贵、忠诚、勇敢的道路，葡萄牙的祖辈们正是沿着这条道路赢得了荣耀和名誉，让葡萄牙的军队在世界各民族面前保持荣光！士兵们，我们发誓要追随这面旗帜！即便是以鲜血为代价，我们也要用身躯保护这面旗帜！上帝会庇佑我们，我们相信蓝白旗象征着我们保卫的祖国，这种传统的信念会给我们力量！唐·曼努埃尔二世陛下万岁！军队万岁！祖国葡萄牙万岁！

　　科塞罗以在英国流亡的唐·曼努埃尔二世之名恢复了君主制。他紧接着宣布成立王国军管委员会，科塞罗本人不但出任主席，还兼任财政部部长和后勤部部长。委员会的其余成员还包括：安东尼奥·阿达贝尔托·索拉里·阿雷格罗（王国部部长）、巴涅子爵（教会事务、司法和教育部部长）、若昂·德·麦哲伦（外交部部长）、阿图尔·达·席尔瓦·拉莫斯（公共工程和邮电部部长）及阿泽维多伯爵（农业、贸易、工业和劳动部部长）。几天后，他们开始大刀阔斧地立法。派瓦·科塞罗不是国王，却胜似国王。

1月22日，里斯本的保皇党在蒙桑托集会，试图仿效波尔图的行动。但他们的叛乱很快被平息。然而，除了沙维什以外，整个葡萄牙北部都已恢复君主制。波尔图成了这个从未正式存在的葡萄牙王国某种意义上的首都。这回轮到共和党人接受审讯了。审讯主要集中在伊甸剧院，共和党人的回答决定了他们是否要进监狱。

时间过得很快，一方面共和党人在准备着反攻，可另一方面，派瓦·科塞罗却无法得到所需的援助来实现他的目标：在整个葡萄牙恢复君主制。2月13日，葡萄牙的中部沿海地区全面开战。最终，共和派军队攻入波尔图，废除了军管委员会，科塞罗则前往马德里。这个所谓的"北方王国"——或者贬损者口中的"恶棍乐土"——在建立二十五天后宣告灭亡。

就在1919年，葡萄牙恢复了第一共和国，很多人更倾向于认为葡萄牙就此开启了"新第一共和国"时代。政府继续频繁更迭，选举投票率不到7%。罢工、暴动和爆炸袭击接踵而来。罢工者威胁要天天制造火车脱轨事故，为了不让事故发生，政府做出决定，罢工者出行时必须坐在车头前面的敞开式车厢里，这样方便控制。

这项发明被称作"幽灵车厢"。1921年7月10日,安东尼奥·德奥利维拉·萨拉查代表"天主教中心"当选议员。10月19日,一支不知名的队伍在全里斯本冷血地屠杀了共和派有关人士,包括10月4日、5日起义的领导者马萨多·桑托斯和葡萄牙总理安东尼奥·格兰若。在那个史称"血色之夜"的夜晚,屠杀者释放了另一个杀人犯——杀害西多尼奥·派伊斯的凶手若泽·儒利奥·达科斯塔,还向他致敬。

极端事态还在加剧。1923年,安东尼奥·若泽·德阿尔梅达成为第一共和国唯一一位任满期限的总统,葡萄牙共和党召开了第一次代表大会。一年后,政府组织了第一次"民族纪念日"。同年,恩里克·德·派瓦·科塞罗回到了葡萄牙,他因建立"北方王国"被判刑二十五年,此前已经得到赦免。

1926年5月28日,在短短十六年里换了七任总统与四十五届政府的第一共和国覆灭了。戈麦斯·达科斯塔和门德斯·卡贝赛达在民众的支持下带领一支部队从布拉加前往里斯本,此后,在人们几乎没有察觉的情况下,第一共和国就被宣告死亡。军事独裁政权就此建立,在萨拉查上台执政后,演变为"新国家"。无论叫什么名字,这都是一个独裁政权,它延续了四十八年。

1932年,唐·曼努埃尔因突然窒息死于伦敦。他的病是从扁桃体炎开始的,之后声带发生水肿,最终导致窒息。但是,伦敦警察厅在研究案情后怀疑这是一场谋杀。由于葡萄牙的末代国王没有留下子嗣,《多佛尔协议》生效,唐·杜阿尔特·努诺继承了一个不存在的王位。

不过,恩里克·德·派瓦·科塞罗还活着,而且不曾改变。1935 年,七十三岁的科塞罗抨击了萨拉查的殖民政策,因此流亡到西班牙的图伊。1937 年,第一共和国的核心人物阿方索·科斯塔在巴黎去世,这年年初,科塞罗获准回国,或许是因为当局以为他最终会收敛起来——天真的错误。没过几个月,科塞罗就给独裁者写了一封长信,再次批评了他的殖民政策,其中有这样一段内容:

>……无论从道义还是现实上讲,失去安哥拉都会是国家最重大的失败……用一个词来概括,这是死亡,我们在世界上卓尔不凡的雄心壮志都死了,历史悠久的葡萄牙本身消失了,葡萄牙存在的意义与关键的精神就在这些海外领地中,我们的身份是这片广袤的帝国,而不是西欧边陲的弹丸之地。
>
>……抛开那些算来算去吧……去认真倾听吧,看看你有没有听到来自历史深处的声音,葡萄牙真正的声音。
>
>……撤回秘密警察、收起审查之笔吧,这个限制颇多的体制让一些人变得无能,只能沉迷于玩乐,另一些人虽然有理解力,却不能关注正在发生的事,葡萄牙祖国已陷入集体昏迷。部长委员会主席先生,我想提醒您一下。

不过萨拉查对他的提醒并不感恩。10 月 31 日，他派警察逮捕了恩里克·德·派瓦·科塞罗，这位公民已经七十五岁了，住在奥埃拉什。在牢房里关了六天后，科塞罗被判处剥夺政治权利并再一次逐出葡萄牙。这次他去了加纳利群岛。

1939 年，萨拉查允许他回国，但他的生命已濒临终点。

1944 年 2 月 11 日，科塞罗去世。在他的葬礼上，前海军和海外领土部部长安东尼奥·加布拉尔这样说道："作为士兵，他是马拉夸内和马古尔的英雄。作为殖民官员，他对安哥拉省做出了无人可比的贡献。作为政治家，他始终忠于他的旗帜与他的君主。作为葡萄牙人，他是我们这个时代最伟大的人物之一。最重要的是，他深爱他的祖国。"

科塞罗终年八十二岁。尽管没有一位历史学家会同意，但他才是葡萄牙最后一位国王。